为了更好的教育

邓跃茂 著

人民东方出版传媒
东方出版社

图书在版编目（CIP）数据

为了更好的教育 / 邓跃茂著 . — 北京：东方出版社，2023.10
　ISBN 978-7-5207-3628-2

　Ⅰ.①为… Ⅱ.①邓… Ⅲ.①中小学教育－教育研究－文集 Ⅳ.① G632.0-53

中国国家版本馆 CIP 数据核字 (2023) 第 171819 号

为了更好的教育

WEILE GENGHAO DE JIAOYU

| 作　　者：邓跃茂 |
| 策　　划：姚　恋 |
| 责任编辑：张洪雪　李志刚 |
| 出　　版：東方出版社 |
| 发　　行：人民东方出版传媒有限公司 |
| 地　　址：北京市东城区朝阳门内大街 166 号 |
| 邮　　编：100010 |
| 印　　刷：北京明恒达印务有限公司 |
| 版　　次：2023 年 10 月第 1 版 |
| 印　　次：2023 年 10 月第 1 次印刷 |
| 开　　本：660 毫米 * 960 毫米 1/16 |
| 印　　张：20 |
| 字　　数：197 千字 |
| 书　　号：ISBN 978-7-5207-3628-2 |
| 定　　价：56.80 元 |
| 发行电话：（010）85924663　85924644　85924641 |

版权所有，违者必究

如有印装质量问题，我社负责调换，请拨打电话：（010）85924725

教育家精神

心有大我、至诚报国的理想信念,
言为士则、行为世范的道德情操,
启智润心、因材施教的育人智慧,
勤学笃行、求是创新的躬耕态度,
乐教爱生、甘于奉献的仁爱之心,
胸怀天下、以文化人的弘道追求。

▲ 2014年9月17日，作者（左一）参加刘彭芝校长主持召开的高二年级结业暨高三年级启动仪式

▲ 2014年11月30日，作者参加人大附中朝阳学校学习党的十八届四中全会精神报告会

▲ 2015年9月18日，作者（右三）陪同刘彭芝校长外出学习交流

▲ 2015年11月16日，作者参加人大附中朝阳学校教师集体生日会并致辞

▲ 2015年11月26日,作者代表人大附中朝阳学校在全国中小学党组织书记培训班上进行党建工作汇报

▲ 2015年12月7日,作者(右)迎接北京市朝阳区教委领导来人大附中朝阳学校指导工作

▲ 2015年12月27日，作者（左一）参加人大附中朝阳学校高中学生成人礼活动

▲ 2016年2月26日，作者主持召开人大附中朝阳学校党总支会议，学习《中国共产党章程 中国共产党党员领导干部廉洁从政若干准则 中国共产党纪律处分条例》

▲ 2016年2月29日，作者深入教学一线听取教师意见反馈

▲ 2016年3月24日，作者（右一）参加人大附中朝阳学校班主任工作室挂牌仪式

▲ 2016年5月26日，作者在人大附中朝阳学校"名家名篇进课堂"传统文化名著阅读活动展示会上发言

▲ 2017年6月3日，作者（右三）参加人大附中朝阳学校师生文体活动

▲ 2016年7月7日，作者参加人大附中朝阳学校中国航海日专题讲座并发言

▲ 2017年8月26日，作者参加人大附中朝阳学校新生军训活动

▲ 2017年12月19日,作者主持人大附中朝阳学校全体教师教育强区精神大会并发言

▲ 2018年4月15日,作者参加人大附中朝阳学校工会活动

▲ 2018年6月24日，作者（左十）参加人大附中朝阳学校中考教师迎考仪式

▲ 2019年1月25日，作者参加人大附中朝阳学校退休教职工座谈会

▲ 2019年3月7日，作者参加人大附中朝阳学校领导干部民主生活会

▲ 2019年5月11日，作者带领人大附中朝阳学校部分党员赴中国人民抗日战争纪念馆参观见学

▲ 2019年6月21日，作者（右）参加2019"回响中国"腾讯网国际学校年度盛典活动

▲ 2019年7月1日，作者出席人大附中朝阳学校优秀共产党员表彰大会并宣誓

▲ 2019年9月19日，作者主持人大附中朝阳学校"不忘初心、牢记使命"主题教育动员部署会

▲ 2019年10月15日，作者参加人大附中朝阳学校"不忘初心、牢记使命"主题教育党课

▲ 2019年11月19日,作者参加人大附中朝阳学校"不忘初心、牢记使命"主题教育专家报告会并致辞

▲ 2020年9月4日,作者(左五)出席人大附中朝阳学校2020—2021年度高中全体教师会

▲ 2020年1月17日,作者主持人大附中朝阳学校"不忘初心、牢记使命"主题教育总结大会

▲ 2021年5月26日,作者(左二)出席人大附中朝阳学校小学部第七届体育节

▲ 2021年6月29日,作者(右九)主持召开人大附中朝阳学校党总支召开的庆祝中国共产党成立100周年暨优秀党员表彰大会

▲ 2021年8月28日,作者主持召开人大附中朝阳学校暑期教师培训大会

▲ 2021年9月1日，作者（左一）主持人大附中朝阳学校2021—2022年度开学典礼

▲ 2021年9月16日，作者（后排左五）出席人大附中朝阳学校2021年初中部师徒结对仪式

▲ 2021年9月18日，作者（后排右四）带领人大附中朝阳学校部分党员参观中国共产党历史展览馆

▲ 2021年11月30日，作者（右）出席人大附中朝阳学校教师王明艳退休欢送会

▲ 2022年1月10日，作者主持人大附中朝阳学校第四届党总支委员会换届选举大会并发言

▲ 2022年2月16日，作者主持人大附中朝阳学校中层干部会议

▲ 2022年2月17日，作者参加人大附中朝阳学校（初中部）第十一届科研年会

▲ 2022年2月18日，作者参加人大附中朝阳学校"高阶思维助力常态课提质增效"科研会并发言

▲ 2022年3月7日,作者参加人大附中朝阳学校庆祝"三八"国际劳动妇女节趣味足球活动

▲ 2022年3月22日,作者参加2021年度人大附中朝阳学校领导班子专题民主生活会

▲　2022年4月7日，作者给人大附中朝阳学校学生远程讲党课

▲　2023年3月2日，作者迎接朝阳区"文明校园创建"检查团

▲ 2023年3月13日，作者（右）参加人大附中朝阳学校2022年度党委会、校务会领导班子专题民主生活会

▲ 2023年5月30日，作者主持北京市朝阳区和平街学区2023年"讲述我的育人故事"主题宣讲活动并发言

目 录

第一篇 铸魂育人

发挥党组织对学生成长的引领作用 …… 002

"一核双翼"构建基层党建新格局 …… 008

"五位一体"抓党建　服务师生创品牌 …… 015

全面从严治党背景下中学基层党建的
发展思路和路径选择 …… 022

按"三型"党组织要求加强党建工作 …… 032

高质量党建引领中小学高质量发展 …… 036

全面从严治党，共建风清气正的廉洁校园 …… 068

发挥党建引领，坚持立德树人 …… 072

第二篇 立德树人

大力推进大中小学思想政治教育一体化高质量建设的人大附中朝阳学校实践 ·········· 079

落实立德树人　促进健康成长 ·········· 105

中小学落实立德树人根本任务的路径探究 ·········· 110

做新时代党和人民满意的好老师 ·········· 120

我国中小学思想政治教育工作存在的问题及未来发展路径选择 ·········· 131

立德树人，铸就师德之魂 ·········· 149

立德树人，以身立教 ·········· 153

在实践中找准增强道德品质的切入点，对学生进行卓有成效的思想品德教育 ·········· 157

第三篇 以文化人

加快建设教育强国，需要牢牢把握优质均衡的基本方向 …… 163

夯实中小学基础教育，推动新时代教育强国建设 …… 172

为了更好的教育
——"双减"背景下学校教育的知与行 …… 180

践行教师培养新理念　构建教师队伍新格局 …… 189

激发中小学办学活力　全面提升基础教育质量 …… 196

如何促进教育公平 …… 203

思想引领风帆正　改革先锋远航时 …… 208

中学改革发展的感悟与思考 …… 215

深化课堂教学改革　让学生在体验中学习 …… 224

启蒙家长，重在教育理念 ………………………………… 228

如何增强从严治校的实效性和科学性 …………………… 234

统一坚定的思想　凝聚前行的力量
——对新时代中小学发展的思考 ………………………… 243

素质教育与高考并不对立 ………………………………… 249

坚定文化自信　创建文明校园 …………………………… 253

实干铸就伟业　奋斗创造未来 …………………………… 273

后记 ………………………………………………………… 285

第一篇

铸魂育人

发挥党组织对学生成长的引领作用

习近平总书记在 2018 年全国教育大会上强调,"培养什么人"是教育的首要问题。培养社会主义建设者和接班人,是我们党的教育方针,是我国各级各类学校的共同使命。建设教育强国是中华民族伟大复兴的基础工程。中小学探索发挥党组织对学生成长的引领作用是落实立德树人根本任务的重要课题。

加强党建,为立德树人奠定扎实的基础

党的领导是德育方向正确的根本保证。我国是中国共产党领导的社会主义国家,必须在党的坚强领导下,坚持中国特色社会主义教育发展道路,才能办好人民满意的教育。2017 年,教育部发布的《中小学德育工作指南》强调:"加强党对中小学校的领导,全面贯彻党的教育方针,坚持社会主义办学方向,牢牢把握中小学思想政治和德育工作主导权,保证中小学校成为坚持党的领导的坚强阵地。"① 这是中小学德育工作的基本原则。

党的思想建设引领中小学德育的核心内容。中小学德育的首要内容是理想信念教育。习近平总书记在 2018 年全国教育大会上强调:"要在坚定理想信念上下功夫,教育引导学生树立共产主义远大理想和中国特色社会主义共同理想,增强学生的中国特色社

---

① 《教育部关于印发〈中小学德育工作指南〉的通知》,中华人民共和国教育部网站 2017 年 9 月 22 日。

会主义道路自信、理论自信、制度自信、文化自信，立志肩负起民族复兴的时代重任。"① 因此，要培养学生对党的政治认同、情感认同、价值认同，树立为共产主义远大理想和中国特色社会主义共同理想而奋斗的信念。

党的组织建设推动德育教师队伍培养。坚持党对学校德育工作的领导，要压实党委责任、充分发挥党委的领导和把关作用，确保党牢牢掌握教师队伍建设的领导权，引导广大教师树立正确的历史观、民族观、国家观、文化观，坚定"四个自信"，准确理解和把握社会主义核心价值观的深刻内涵，增强价值判断、选择、塑造能力。

党的作风建设决定德育工作的落实。党组织的作风能深刻反映出一个学校的精神面貌。学校教师作为塑造灵魂的工程师，要以高尚的品质、良好的形象为学生树立标尺，做到言行一致，以身作则，处处为学生树立正面形象，用个人的人格力量吸引学生，让每个学生都能秉承教师的高尚人格，这是培养学生个人修养、高尚品德与情操的最好方式。

---

① 《坚持中国特色社会主义教育发展道路　培养德智体美劳全面发展的社会主义建设者和接班人》，《人民日报》2018 年 9 月 11 日。

党建引领德育工作的实践与探索

中国人民大学附属中学朝阳学校（以下简称"人大附中朝阳学校"）在坚定理想信念上下功夫，举办"一二·九戏剧展演""放眼绿水青山　建设美丽中国"大型公益活动，增强学生的"四个自信"，使他们立志肩负起民族复兴的时代重任。人大附中朝阳学校在厚植爱国主义情怀上下功夫，举办"圆明园寻故"暨国家公祭日悼念活动、"阅读《论语》涵养性情"国学经典系列活动，举办学生党校，通过特色政治课和历史课引导学生热爱和拥护中国共产党。人大附中朝阳学校在加强品德修养上下功夫，开设"感悟诗境传承文化，润物无声诗化心灵"《国文晨读》校本课程，教育引导学生成为有大爱大德大情怀的人。人大附中朝阳学校在增长知识见识上下功夫，选派学生参加DI创新思维全球总决赛、国际地球科学奥林匹克竞赛、北京青少年生态保护演讲比赛、"明天小小科学家"活动等，教育引导学生心无旁骛求知问学。人大附中朝阳学校在培养奋斗精神上下功夫，邀请残疾人艺术团来校演出，举办"探访水木清华，感受非凡匠心"艺术博物馆实践活动，教育引导学生树立高远志向，历练敢于担当、不懈奋斗的精神。人大附中朝阳学校在增强综合素质上下功夫，组织学生赴航空航天科普基地开展社会实践，参加中非论坛"时代大讲堂"活动等，引导学生培养创新思维和崇尚劳动的素质。

人大附中朝阳学校建立学生思想道德状况定期研究与分析制度，拍摄校园宣传片《追梦》。人大附中朝阳学校加强校园媒体、社团、课堂、讲座和网络的宣传文化建设，做到"有理想、有信念、有信仰、有宗旨"这个魂永不丢失。党总支组织"朝阳讲坛"系列讲座活动，定期聘请高级党建专家、学者来学校举办讲座。人大附中朝阳学校举行全校师德师风建设主题大会，把社会公德、家庭美德、个人品德作为重要内容纳入德育课程体系。

党建引领德育工作取得的成效

高度重视，科学决策。在校训重塑工作中，人大附中朝阳学校将社会主义核心价值观及中华优秀传统文化融入，以培育学生社会主义核心价值观，以养成教育为体、新时代服务创新社会为用，体用兼备，助力学生健康成长。将核心价值观教育纳入学校五年规划和年度工作计划，制定了3年养成教育实施方案，并融入教育、教学全过程。

融入课堂教学，助力学生成长。人大附中朝阳学校将社会主义核心价值观融入课堂作为创新项目，从思想情感、文明礼仪、遵纪守法、学习求知、生活卫生、健康安全、勤俭环保、志愿服务八个维度落实学生养成教育小目标。学生成长中心还倡导年轻班主任开设一节以社会主义核心价值观和养成教育为主题的德育公开课。人大附中朝阳学校共开设740多门相关校本选修课，如以"爱国"为主题开设的"国学智慧"、以儒家文化为核心的国学课,提升了学生的使命感和责任感。人大附中朝阳学校还积极开发社团资源,如较为成熟的模拟联合国社团和微电影社团等,通过对国际时事的探讨,强化学生的国家认同感和维护国家利益的意识。

加强师德建设,助力学生成才。人大附中朝阳学校加强"敬业爱生、明礼诚信、平等合作、勤学乐教、廉洁奉献"的道德规范建设,大力树立优秀教师榜样,宣传先进典型事迹。人大附中朝阳学校还制定了《教师职业道德规章制度》《教师职业道德培训方案》。积极开展心理健康教育特色学校创建工作,人大附中朝阳学校在初中开设了积极心理学、生涯规划和成功心理课,依托教委开展心理体检活动,聘请心理教师有针对性地开展心理辅导。

人大附中朝阳学校在初高中大力推行经典诵读教育,使学生的传统文化素养得到显著提升。人大附中朝阳学校还开发了与传统文化相关的校本课程以及以传统文化为主题的艺术节,使学生通过对传统经典的亲身演绎,加深对传统文化的理解和喜爱。人大附中朝阳学校师德师风建设效果突出,"爱与尊重"已成为教师文化的一大特色,成为学校一张亮丽的名片。

"一核双翼"构建基层党建新格局

党的十八大以来，以习近平同志为核心的党中央实施全面从严治党战略部署，这是基于世情、国情、党情作出的重大战略性决策。全面从严治党重大战略是一个系统工程，既包括党的思想建设、组织建设、作风建设、反腐倡廉建设、制度建设，也包括党的各级组织层面的建设。在全面从严治党战略中，党的基层组织建设具有"固本培元"的基础性作用。在新的形势下，按照党中央全面从严治党战略部署推进基层党组织建设必须对基层党组织的功能定位有一个全面而准确的判断。

构建以学习、服务、创新、带动、立制为核心的基层党建品牌

"不谋全局者，不足以谋一域"，基层党组织建设首先要宏观布局，进行科学的顶层设计，这样才能把握好整体与局部、过程与环节、结构和功能、目标和方法之间的辩证关系。坚持问题导向和目标导向，通过综合研判，针对当前基层党组织建设中存在的问题，明确应当首先构建起以学习、服务、创新、带动、立制为核心的基层党建品牌。

注重学习就是注重思想政治学习，就是注重思想建党。注重思想建党是中国共产党的光荣传统，也是中国共产党的政治优势。思想政治建设关乎基层党员的理想信念，必须按照建立学习型党组织的要求，做好党员干部的学习教育工作。

注重服务是建设服务型党组织的基本要求。随着我国改革开放事业的纵深发展，社会格局和利益主体发生重大变革。基于执政环境的重大变化，党中央要求"基层党组织要转变工作方式、改进工作作风，把服务作为自觉追求和基本职责，寓领导和管理于服务之中，通过服务贴近群众、团结群众、引导群众、赢得群众"[①]。

注重创新，就是基层党组织建设要紧密结合不断发展变化的实际大胆创新。当前，市场化、信息化、全球化浪潮对党建工作带来的冲击是多方面的，影响也是长远的；党组织自身也面临各方面的新挑战，党员队伍结构年轻化、高学历化，党员的自我意识、权利意识增强。因此，基层党组织建设要紧密结合不断发展变化的具体实际大胆创新。

注重带动，充分发挥党员干部的模范带头作用和示范引领作用。一方面，发挥广大党员干部的模范带头作用。党员干部，特别是领导干部必须以党中央的最新要求和好干部的"五条标准"严格要求自己，讲党性、重品行、做表率，通过党员干部的示范带头作用来带动党员，建立起正面倡导的有效机制；另一方面，要发挥广大党员对群众的示范引领作用，通过各种行之有效、生动活泼的活动使群众了解并自觉拥护党的大政方针，增强党组织在群

[①]《关于加强基层服务型党组织建设的意见》，人民出版社2014年版，第2页。

众中的影响力。

注重立制,保障党建工作的规范化、科学化运转。一方面,制度建设要符合基层党组织党建科学化的基本规律,符合本单位的具体实际;另一方面,制度建设要具有可操作性和可行性。制度不能追求"好看",而要务实管用,否则就是徒有其表的形式主义。要通过党建工作责任制将党建责任落实到相应主体身上,避免出现党建"说起来重要,干起来次要,忙起来不要"的问题,并建立起严格而科学的考核评价机制。要建立基层党组织标准化制度。在组织设置、党员教育管理、系统运转、联系服务群众、责任制度等方面实现标准化,保障党建工作的规范化、科学化运转。

大力推进基层党组织反腐倡廉和作风建设

把权力关进制度的笼子,做好权力的监督制约工作。首先,要着重对"一把手"权力进行监督和约束。其次,在约束和监督权力的制度体系中要加强制度的公开透明度。基层党组织要紧密结合本单位的工作实际,在涉及廉政问题的"风险区""高危区"进行周密的政务公开制度设计,做到有权必有责,有权受监督,违法必追究。最后,要切实落实党章党规对于党员民主权利的保障机制,确保党员能够积极行使批评、建议、监督、检举等权利,鼓励广大党员和群众都参与到对权力运行的监督过程中来,形成有效监督权力实施的主动的、广泛的、全天候的"摄像机"。

标本兼治，把党风廉政建设和党内法规建设结合起来。党的十八大以来，全面从严治党是一个战略展开的过程，以作风建设为切入点，同时也着重对权力进行监督，加强党内法规建设。这充分体现了既治标又治本的战略智慧，通过治标为治本积累经验。结合基层党组织工作实际，一方面，要严肃执纪问责，同党组织中存在的消极腐败现象进行坚决的斗争，做到"零容忍、全覆盖、无死角"，通过从严反腐提高腐败分子的违法违纪成本，并对其形成震慑，使党员干部形成对制度和法纪的敬畏，做到"不敢腐"。另一方面，要大力加强党内法规建设，着力治本。

加强党性修炼，提高党内政治生活的严肃性。在基层党组织建设中要以严肃党内政治生活为依托，营造出良好的政治生态。在开展党内政治生活的时候，一方面，领导干部要带头进行批评与自我批评，通过各种形式使"红脸出汗"成为常态。另一方面，也要贯彻落实党员民主权利保障相关制度规定，激发出广大党员的主动性、积极性和创造性，让广大党员在一个良好的政治生态中知无不言、言无不尽。

大力推进基层党组织干部选拔任用及管理培养机制改革

培养造就信念坚定、为民服务、勤政务实、敢于担当、清正廉洁的好干部是新形势下优化人才队伍，提高党的执政能力的需要。选任的干部不仅要对共产主义理想和中国特色社会主义事业拥有坚定的信念，而且要勤政务实，坚持实事求是的思想路线，自觉履行工作职责，积极主动地为集体利益和群众利益服务；敢于担当，敢于坚持原则；此外，还应该具备清正廉洁的作风，严以修身、严以用权、严于律己，自觉保持艰苦奋斗的政治本色。

坚持自觉和培养统一、管理和教育统一的原则，做好干部工作。在基层党组织建设过程中，必须以高度的政治责任感做好党员干部的培养工作，善于发现人才、重用人才。同时，针对当前党员干部面临繁重工作压力、肩上责任重大的现实，一方面通过激励和惩处双重机制督促党员干部增强自觉性，自觉以一名合格党员和好干部的标准来严格要求自己；另一方面也要加强对干部的关心爱护，不仅关心党员干部的政治思想素质，还要关心干部在职业和家庭生活中遇到的问题，关心党员干部的身心健康问题，适时对其进行心理疏导。此外，还要改革党员管理和教育方式，探索寓教育于管理之中的实现路径，实现常态化教育。

建立科学的选人用人机制。提高党建的科学化水平必然要求建立一套科学的选人用人机制，真正让想干事、能干事、德才兼备的干部脱颖而出。在坚持党管干部、德才兼备的原则范围内，更要深入探索干部和人才的成长规律，制定出科学的考评办法，既要重视已有成绩，又要着眼未来潜力；既要严格审查，又要辩证分析；既要强调突出优点，也要考虑综合素质，切实做到"寻觅人才求贤若渴,发现人才如获至宝,举荐人才不拘一格,使用人才各尽其能"[1]。在选拔干部的环节上,要借鉴各种人才选任的先进理论和成功经验,制定出符合本单位实际的选拔方式和程序,把人事测评选拔的过程和方法结合起来,形成具有科学性和创新性的基层党组织干部选拔任用机制。

---

[1]《习近平谈治国理政》第1卷,外文出版社2018年版,第420页。

"五位一体"抓党建 服务师生创品牌

人大附中朝阳学校是中国人民大学附属中学利用优势教育专业资源与朝阳区教育委员会联合创办的十二年一贯制学校。学校人才济济，共有市、区学科带头人和骨干教师71名，国家一流名牌大学博士16名、硕士159名。学校党总支共有党员191名，占全校教师员工比例达50%以上。近年来，校党总支坚持目标导向、坚持问题导向开展党建工作，创建以学习、服务、创新、带动、立制为内容的"五位一体"党建品牌，推动了学校教学育人工作的全面发展。

学习品牌丰富多彩

校党总支把学习教育作为重要工作来抓，围绕中华优秀传统文化、革命文化以及社会主义先进文化等主题，开展多种形式的学习教育活动，使广大党员进一步树立了文化自信。

第一，理论专家请进来。系列专家讲座是校党总支开展党员教育的一个品牌活动。几年来，多名党的建设专业人士和学者走进校园，宣讲了《宪法在法治体系中的核心作用》《大国迈向强国之路》《践行社会主义核心价值观，做"三严三实"的好老师》《"两学一做"：学什么，做什么》《"我是谁"：如何正确认识中国共产党》等理论专题，报告精彩纷呈，令全校党员干部信心倍增。

第二，应知应会学起来。学校党总支固定在每周二组织全校教职工集中学习。为了提高学习效果，校党总支编辑印发了数百份学习材料,并开发设计了"集中培训考试题库"和学习试卷,检验党员的学习成果。为了便于党员利用碎片化时间自主学习,校党总支还编辑印制了《党员应知、应会、应做100题》的"口袋书",党员人手一册。

服务品牌贴近师生

校党总支通过落实"三个服务"理念开展党建工作,即服务于中心业务工作,激发学校干部职工干事创业的强大动能;服务群众,了解群众心声,吸纳群众意见,维护好群众的各方面利益诉求,提高党组织的公信力;服务党员,维护党员的各项权益,提高党组织的凝聚力和向心力。各党支部和党员在党总支开展的"走进课堂""走进备课组""走近一线教师"活动中,深入了解基层教育教学工作,"摸实情、办实事、求实效",建设"服务教育教学、服务师生员工、服务学校发展"的服务型党组织。

为了增强党组织的凝聚力,校党总支定期举办"学校生日幸福聚会",邀请著名艺术家登台献艺,为教师送去春天般的祝福。校党总支牵头组织青年教师开展"喜结良缘牵线搭桥""青年教师读书会""校骨干教师""校优秀青年教师"评优活动,为青年教师的成长搭建平台。每年元旦,校党总支都会组织一场别开生面的"心会跟爱在一起"新年联欢会,营造全校师生团结一心、齐心协力的和谐氛围。

创新品牌　　增强活力

在推进创新中，校党总支抓住了4个要点：一是理念创新，寓管理于服务，在提供高水平服务的基础上提升党员的党性修养；二是手段创新，采取互联网等手段提高党员管理服务的便捷性，提高党组织的活动效率；三是制度创新，通过建立科学完备的制度，确保党建各项任务落到实处；四是内容创新，确保各项活动的主题贴近时代、贴近生活、贴近实际。

几年来，校党总支将积极申报朝阳区教育系统党建研究课题与创新项目作为龙头工作来抓。《以学习、服务、带动、创新为着力点，推进服务型党组织建设》《践行"三严三实"要求，用无微不至的服务激发正能量》《按"三型"党组织要求加强党建工作》等课题不仅深化了广大党员干部对开展党建工作的思考和总结，而且引领了党建创新的不断发展。为了获得更高层面的智力支持，校党总支还与中央党校、国家教育行政学院、中国人民大学、北京师范大学等建立密切的沟通和联系，定期邀请党的建设专业人士和相关单位的培训学员来校讲座并指导党建工作。2016年12月，学校获得了"朝阳区教育系统党建示范点"称号。

榜样亮相　　示范引领

校党总支在工作中注重发挥两个带动力：一是要求领导干

部讲党性、重品行、做表率,发挥榜样示范带动力,二是树立并宣传优秀党员、优秀教师榜样,增强"身边人"的示范带动力。2015年1月,党总支进行换届选举后,大力开展了优秀青年教师、骨干教师、立德树人楷模、"我身边的榜样"、"勤廉榜样"、师德标兵、三八红旗手、优秀共产党员等评选和表彰活动,制作了《光荣与梦想:立德树人楷模》《人大附中朝阳学校师德标兵风采录》《三八红旗手表彰光荣榜》等宣传画册,起到了激发正能量、鼓舞人心的良好效果。

建章立制　从严治党

校党总支认为,按照全面从严治党的要求建章立制,必须符合基层党组织党建科学化的基本规律,突出可操作性和可行性,将党建责任落实到相应主体。几年来,校党总支制定了《党务公开制度》《民主评议党员工作方案》《党员队伍建设"双培养计划"实施方案》《党总支参与学校重大决策的措施》等16项党建制度与规程,构建了党建工作框架。同时,通过制定《党员干部直接联系群众的实施办法》《行政职权目录与办事流程》等多项规章制度,建立了密切联系群众的有效渠道。2015年5月中旬,学校申报"2015年朝阳区群众性精神文明工作规范化建设达标单位"并通过了验收。

为了加强党风廉政建设,校党总支组织党员认真学习《中国共产党廉洁自律准则》等文件,切实提高廉洁文化进校园的思想认识。校党总支制定了《人大附中朝阳学校 2015 年深化廉政风险防控管理工作问题清单》,校级正职干部与领导班子和中层干部逐级签订了《党风廉政建设责任书》,并建立了每年发布一版《党风廉政建设责任制年度报告》的工作制度,起到了制度管人、防微杜渐的作用。

"五位一体"抓党建
服务师生创品牌

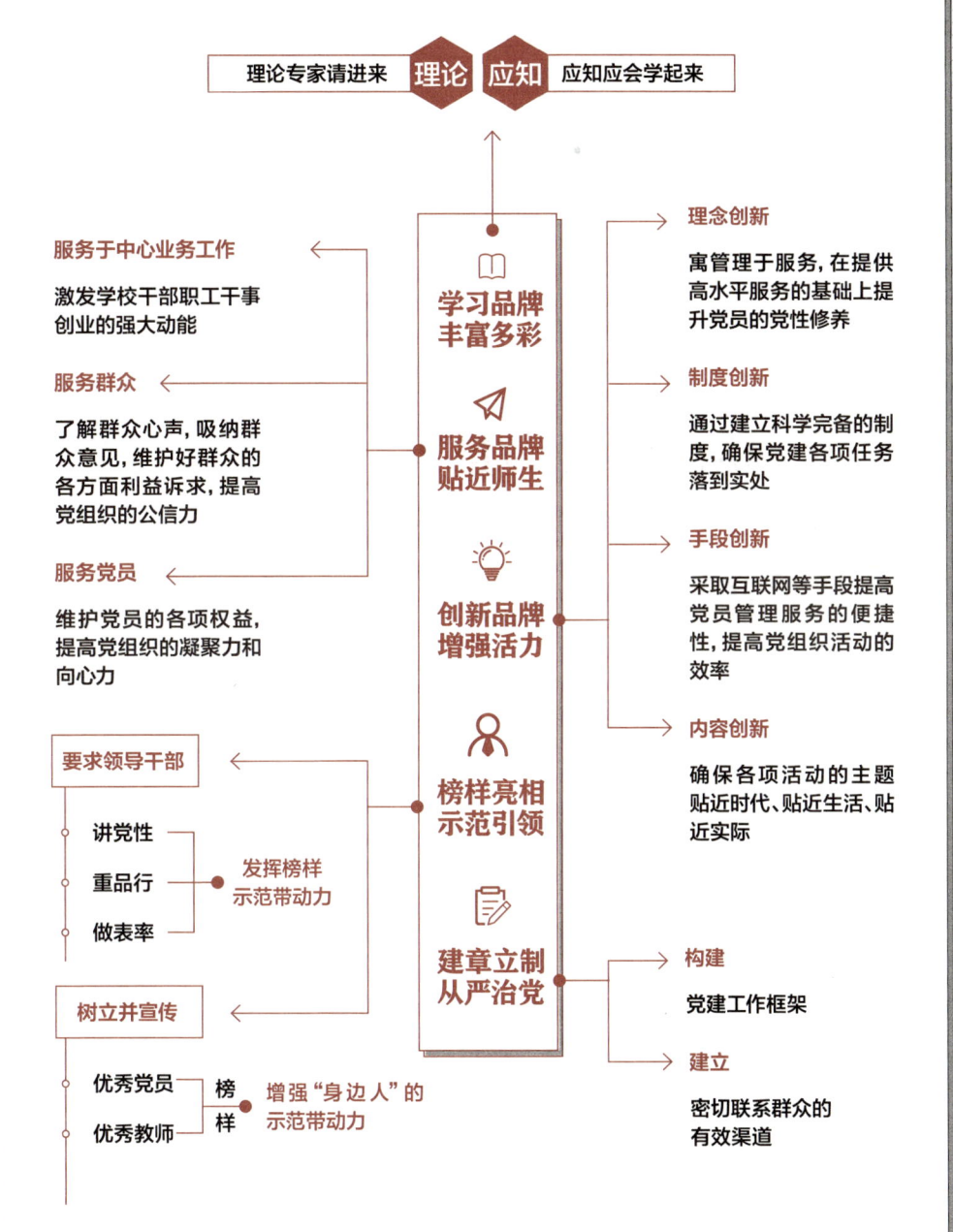

理论专家请进来 **理论** **应知** 应知应会学起来

学习品牌 丰富多彩

- **服务于中心业务工作**
  激发学校干部职工干事创业的强大动能
- **服务群众**
  了解群众心声，吸纳群众意见，维护好群众的各方面利益诉求，提高党组织的公信力
- **服务党员**
  维护党员的各项权益，提高党组织的凝聚力和向心力

服务品牌 贴近师生

- **理念创新**
  寓管理于服务，在提供高水平服务的基础上提升党员的党性修养
- **制度创新**
  通过建立科学完备的制度，确保党建各项任务落到实处

创新品牌 增强活力

- **手段创新**
  采取互联网等手段提高党员管理服务的便捷性，提高党组织活动的效率
- **内容创新**
  确保各项活动的主题贴近时代、贴近生活、贴近实际

榜样亮相 示范引领

- **要求领导干部**
  - 讲党性
  - 重品行
  - 做表率

  发挥榜样示范带动力

建章立制 从严治党

- **构建**
  党建工作框架
- **建立**
  密切联系群众的有效渠道

- **树立并宣传**
  - 优秀党员
  - 优秀教师

  榜样 增强"身边人"的示范带动力

全面从严治党背景下中学基层党建的发展思路和路径选择

党的十八大以来，党中央提出了全面从严治党的战略部署，这不仅为"两个一百年"奋斗目标的实现提供了可靠的保障，也为新形势下加强和改进党的建设，不断提高党建科学化水平提出了新的要求和基本遵循。中学党建属于党的基层组织建设范畴，必然要依据全面从严治党的战略要求，从基层实际情况出发，与时俱进，大胆创新，不断巩固并发挥基层党组织在学校中的战斗堡垒作用，促进学校党建的健康发展。

全面从严治党背景下
中学基层党建创新实践的重要意义

学校党建创新是贯彻落实全面从严治党新战略、新举措的必然要求。党的十八大以来，党中央审时度势，针对党的建设存在的各种问题，高瞻远瞩地提出了全面从严治党的重大战略部署。这一系列新战略和新举措是各级党组织和全体党员的基本遵循，也是加强各级党组织建设的题中应有之义。2014年10月8日，习近平总书记在党的群众路线教育实践活动总结大会上，就新形势下坚持从严治党提出了8点要求，这是全面从严治党的8个方面：一是落实从严治党责任，二是坚持思想建党和制度治党紧密结合，三是严肃党内政治生活，四是坚持从严管理干部，五是持续深入改进作风，六是严明党的纪律，七是发挥人民监督作用，八是深入把握从严治党规律。中学基层党组织建设也要通过制度创新探索出适当的实现路径，将全面从严治党的基本要求和基本精神在学校党建中全面贯彻落实。

学校党建创新是在新的形势下推动教育事业健康发展的必然要求。一方面，在全面建设社会主义现代化国家的新征程中，中学教育领域的改革任务艰巨而繁重，需要党的建设为中学教育改革创新提供制度保障和政治引领，促使中学教育领域的改革任务落到实处，起到实效，切实以党建推动教育事业的大发展。另一方面，在新的历史时期，全球化、信息化纵深发展，各种政治思潮和社会思潮对中学教育以及中学生的思想产生的影响越来越大；与此同时，学生在互联网时代接触到的信息良莠不齐，纷繁复杂，中学生处于世界观、人生观、价值观形成的关键时期，"扣好人生第一粒扣子"意义重大。为了确保在中学教育过程中坚持以社会主义核心价值观来塑造学生的价值观，厘清大是大非和原则性问题，敢于、善于争夺舆论和思想的话语权、主动权，就必须对传统的党建工作机制和具体做法进行创新，以适应新形势新要求。

全面从严治党背景下
中学基层党建创新实践的基本思路

第一，注重学习，坚持学习常态化，抓好思想建设。建设学习型党组织是提升党建科学化水平的一个重要依托。要加强学习，补足精神之"钙"，做到心中有魂。要通过专家讲座、专题民主生活会、组织生活会、带头讲党课等形式提升党员教师的认同感,并取得良好的学习效果。要加强平台建设,创新学习方式,落实学习常态化。将每周的一天固定为专题学习时间;着力加强平台建设,努力抓好学校党建新媒体宣传平台应用,借助信息技术打造"党建云平台";推行"党建+互联网"模式,研发"党建通"党建信息化管理平台;通过"一室"(党员活动室)、"一网"(党建工作网)、"一通"(党建通)和"两园地"(党建园地和心语园地)的建设,落实学习常态化。

第二,注重服务,坚持服务精细化,抓好作风建设。首先要寓管理于服务,通过加强服务,聚齐师生之心,做到心中有情。领导干部必须依据客观实际,创造性地开展诸如"走进课堂"、"走进备课组"、"走近一线"、"走进党支部"、"喜结良缘牵线搭桥"和"一对一师徒结对"等活动,满足不同主体的实际需求。领导干部要注重贴近广大群众,开展集体备课、听课、评课,共同教研、共同进修,参加培训,在日常工作和生活中,以高标准的服务来凝聚人心,依靠真情、真心、真意、真诚,围绕中心服务大局发挥核心作用,促进学校发展。此外,在实际工作中必须压缩会议、精简文件,减少评比达标;严格控制和减少文件、材料的印刷数量,积极推行无纸化办公;切实贯彻落实中央八项规定精神,防止"四风"问题反弹。

第三,注重创新,坚持创新多样化,抓好党风建设。创新是事业进步的源泉和动力。要加强创新,扎实走好创意之路,做到心中有道。要创新纪检监察工作体制,从严从实,成立纪检监察小组,由党总支纪检委员担任纪检监察小组组长,坚持定期廉政谈话制度。坚持开展"廉洁文化进校园"活动,通过党建园地在全校师生中加强党风廉政建设的宣传力度。牢固树立"抓好党风廉政建设是本职,不抓党风廉政建设是失职"的意识,将"两个责任"落到实处。党员领导干部必须积极主动监管中层干部选拔任用、招生考试、教育收费、财务管理、物资采购、食堂管理等重点领域和关键环节,查找和梳理风险点。要加强党建研究,创新研究方法,构建党风廉政建设的学术氛围。在学校的中心工作中选准关键点,找准切入点。通过积极申报课题立项,细分课题任务,以各支部为成员成立课题研究小组,聘请党建研究专家定期来学校指导课题研究工作,全员参与党建课题研究,丰富党建课题内容,创新党建工作模式,着眼于抓细、抓早、抓小,围绕"一岗双责",落实"两个责任"。

第四,注重带动,坚持带动习惯化,抓好组织建设。习近平总书记关于全面从严治党的重要论述要求落实落细,严格执纪,久久为功。通过设置党员活动日、党员教师开放日、党员自愿服务站、党员示范岗,划分责任区,创建党员联系点,建立党员干部"一帮一"的机制,激发每一位党员的主动性,让每一位党员自觉发挥"从我做起、向我看齐、对我监督、有困难找我"的模范带头作用和示范带动作用。要通过完善中层干部选拔、教育、管理和监督机制，坚持干部评选标准、坚持民主测评方式、严格过程考核办法和选拔程序，公平、公正、公开地做好中层干部的选拔、教育、管理和监督工作。

党员是党组织的细胞，做好发展党员和管理党员工作在基层党建中具有战略性的意义。要从严把关，确保新党员的质量。党员不仅是组织入党，更要注重思想入党。通过开展党员活动、学习交流、谈心谈话，传递抓实党建工作的正能量，严格党员的日常教育和管理，建立健全分析评议的党员考核评价体系；实现基层党支部核心化、党员管理规范化、服务师生实效化，使党员平常时候看得出来，关键时刻站得出来，危急关头豁得出来，充分发挥每位党员的先锋模范作用。

第五，注重立制，坚持立制规范化，抓好制度建设。制度建设对于全面从严治党这个系统工程来说具有重大的意义，因为制度具有长期性、根本性和稳定性，其他内容都要通过制度建设发挥作用。在当前形势下，要加强立制，定严约法之章，做到心中有尺。学校党组织要研究制订和完善《学校后备干部培养计划》《学校党总支改进作风制度建设计划》等各项制度。要增强制度执行力和约束力。习近平总书记曾提出要注意"破窗效应"。所谓"破窗效应"就是指如果缺乏雷厉风行、行之有效的执行力，制度和规则就会逐渐失去应有的约束力，正所谓"徒法不足以自行"。要在不断完善学校各方面制度的同时，提升制度执行的刚性，做到严肃、严格、严密地执行制度，靠制度来充分发挥党员教师在学校教育教学工作中的先锋模范作用和党组织的战斗堡垒作用。

全面从严治党背景下
中学基层党建创新实践的路径选择

首先，构建学习、服务、创新、带动、立制"五位一体"的党建品牌。在实践经验的基础上必须对先进做法进行总结和提升，打造出符合党建基本规律，具有自身特点，符合群众需要，务实管用、高效运转的党建品牌。必须以党员干部的表率行动带动形成真抓、实抓、严抓党建的浓厚氛围。牢固树立"抓党建是最大的政治"这一观念，既要抓面又要抓点，既要抓"好"又要抓"差"。通过党建活动和党建研究提升党员教师的整体素质和教育教学能力；通过优秀共产党员和立德树人楷模评选活动树立典型，以上率下示范带动。把学校党建抓在学校发展上、抓在立德树人上、抓在为师生服务上、抓在师生精神面貌的改变上，把党建活动和党员身份融入到教育教学的环节中去，提升学校师生的认同感、获得感、幸福感。

其次，牢固树立"抓好党风廉政建设是本职，不抓党风廉政建设是失职"的意识。习近平总书记指出："历史使命越光荣，奋斗目标越宏伟,执政环境越复杂,我们就越要增强忧患意识,越要从严治党,做到'为之于未有,治之于未乱',使我们党永远立于不败之地。全党同志必须在思想上真正明确,党的执政地位和领导地位并不是自然而然就能长期保持下去的,不管党、不抓党就有可能出问题甚至出大问题,结果不只是党的事业不能成功,还有亡党亡国的危险。"① 因此,针对党风廉政问题,一是要及时谋划,认真部署,狠抓落实,通过党建宣传、讲党课、党员活动日等方式真正把工作抓在平时,抓到实处,抓出成效,将"两个责任"落到实处;二是要通过逐级签订廉洁自律承诺书的方式,形成廉洁自律的刚性约束,把权力关进制度的笼子里,形成"不敢腐"的惩戒机制、"不能腐"的防范机制和"不想腐"的保障机制。

最后,坚持党管干部的原则,完善有效的选人用人机制。中国共产党一贯重视选贤任能,始终把选人用人作为关系党和人民事业的战略性、根本性问题来抓。毛泽东同志曾指出:"政治路线确定之后,干部就是决定的因素。"② 习近平总书记指出,进行具有许多新的历史特点的伟大斗争,关键在党,关键在人。正所谓"用一贤人则群贤毕至,见贤思齐就蔚然成风",可见选人用人导向和机制建设至关重要,在学校基层党建中必须完善工作机制,推进

---

① 习近平:《在党的群众路线教育实践活动总结大会上的讲话》,人民出版社 2014 年版,第 12—13 页。
② 《毛泽东选集》第 2 卷,人民出版社 1991 年版,第 526 页。

干部工作公开，坚决制止简单的"以票取人"的做法，确保民主推荐、民主测评风清气正，把好的干部及时发现出来，合理使用起来。坚持从严选拔、从严教育、从严管理、从严监督。让每一个干部都深刻懂得，当干部就必须讲规矩、守纪律，必须付出更多辛劳，接受更严格的约束。

全面从严治党背景下中学基层党建创新实践

重要意义

学校党建创新

- 在新的形势下推动教育事业健康发展的必然要求
- 贯彻落实全面从严治党新战略、新举措的必然要求

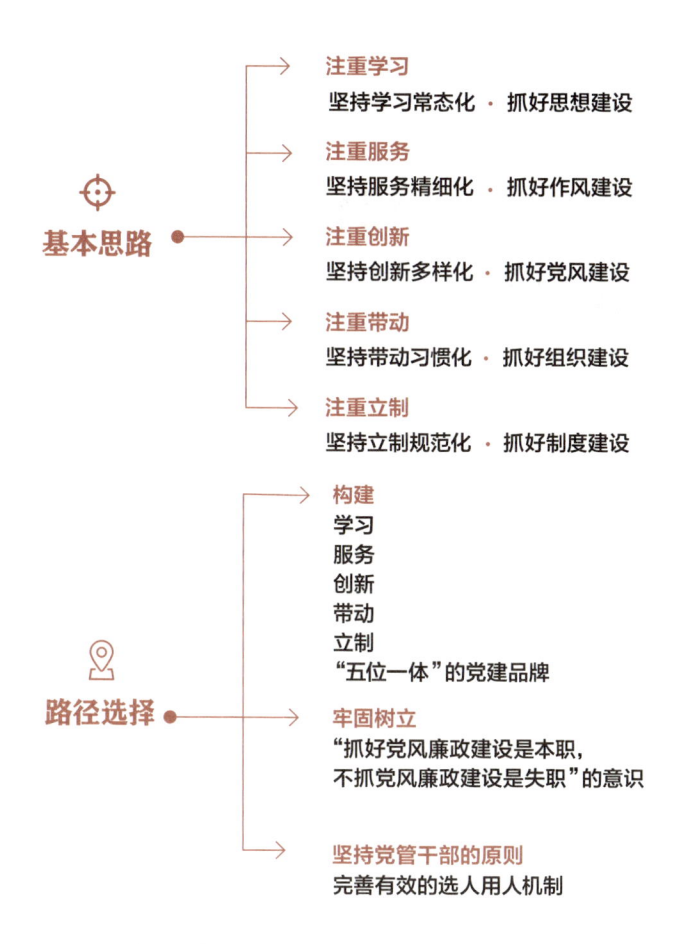

基本思路

- **注重学习**
  坚持学习常态化 · 抓好思想建设
- **注重服务**
  坚持服务精细化 · 抓好作风建设
- **注重创新**
  坚持创新多样化 · 抓好党风建设
- **注重带动**
  坚持带动习惯化 · 抓好组织建设
- **注重立制**
  坚持立制规范化 · 抓好制度建设

路径选择

- **构建**
  学习
  服务
  创新
  带动
  立制
  "五位一体"的党建品牌

- **牢固树立**
  "抓好党风廉政建设是本职，不抓党风廉政建设是失职"的意识

- **坚持党管干部的原则**
  完善有效的选人用人机制

按"三型"党组织要求加强党建工作

党的十八大提出要建设学习型、服务型、创新型的马克思主义执政党，确保党始终成为中国特色社会主义事业的坚强领导核心。学习型、服务型、创新型党组织，是基层党组织建设的重要指导原则。作为学校，要按照"三型"党组织要求，结合实际，突出特色，努力加强党建工作，促进教育质量和水平的提升。

学习：补精神之"钙"，心中有魂

重视学习，特别是理论学习，是党的思想建设的一个重要途径和光荣传统。习近平总书记一贯重视党员干部的学习问题，提出要将学习作为广大党员干部坚定理想信念、提升党性修养、增强能力素质的重要依托。因此，要加强基层党组织建设，各级党员干部必须增强本领恐慌的忧患意识，始终做到勤于学、敏于思，坚持博学之、审问之、慎思之、明辨之、笃行之，以学益智，以学修身，以学增才。

在新形势下，加强学习的一个重要目的就是坚定理想信念，补足精神之"钙"。要学习党的基本理论和路线方针政策，学习习近平总书记系列重要讲话精神，做到真学、真信、真懂、真用，不断增强对中国道路的理论认同、政治认同和实践认同。要深入学习和践行社会主义核心价值观，努力提升思想境界和道德修养，引导广大党员师生爱岗敬业、创先争优，激发干事创业的强大正能量。在教学工作中，要高扬爱国主义旗帜，提升青少年学生的爱国主义情操，使他们从小树立远大的理想信念。要通过弘扬中华传统美德，引导青少年学生加强道德修养，争做有理想、有道德、有文化、有纪律的"四有"新人。

服务：聚师生之心，心中有情

党中央在新时期作出了加强基层服务型党组织建设的动员，要求基层党建工作必须坚持正确的指导思想，以建设基层服务型党组织为目标，切实转变工作方式，改进工作作风，把服务群众作为党员干部的自觉追求和重要职责。

作为学校的党务工作者，我们要自觉实践群众路线，在内心深处树立对广大师生的尊敬和关怀意识。要不断探索基层服务型党组织建设规律，以服务学校发展、服务师生为工作重心，更好地发挥基层党组织的战斗堡垒作用。要搞好调查研究，深入走访广大干部职工、学生及家长，通过座谈会、调查问卷等方式征求民意，摸清实情，了解诉求，并通过民主决策、科学决策和依法决策解决实际问题。要努力打造一支带头服务、带领服务、带动服务的党员干部队伍，依据校园实际，建设形式多样、方便灵活、功能齐全的党群活动阵地。要建立党建工作责任制，避免出现党建工作和业务工作"两张皮"的问题，引入党员代表和群众评议问责机制，切实提高党组织的服务水平和服务效果。

创新：走创新之路，心中有道

创新是一个国家和民族兴旺发达的动力，也是一个政党永葆生机的源泉。学校建设创新型党组织，要注重做好以下几个方面：首先，要注重思想政治教育方法的创新。思想政治教育必须坚持正确的政治方向和严格的政治纪律，并不断探索思想政治教育规律，创新思想政治教育方法，努力提升教育的针对性和有效性。其次，要注重党内政治生活方式的创新。党内政治生活是加强党性修养的重要阵地，在基层党组织建设中，除了传统的"三会一课"，还要通过更加丰富的载体开展党内政治生活，使组织生活的效果更加明显。再次，要注重基层党组织活动方式的创新。在互联网和新媒体时代，采用信息技术，打造"党建云平台"，推行"互联网＋党建"模式，促使活动方式更加灵活。最后，要注重基层党组织管理方式的创新。不断探索和健全基层党建的评估考核体系，坚持定性评估和定量评估相结合的原则，提高学校党建工作的科学化、规范化和制度化水平。

高质量党建引领
中小学高质量发展

近年来，由于受到各级党委的高度重视，中小学党建工作在实践中积累了丰富的经验，也取得了显著的成果，在促进教育发展、全面推行素质教育方面发挥了重要作用。中小学校能做到用理论指导党建工作，健全组织机构，把党建工作纳入学校工作的议事日程，党建活动经常化、规范化，党员模范带头作用正逐步得到发挥。

中小学党建工作面临的主要问题以及原因

认真分析各学校党建工作的具体做法，我们发现其中仍存在一些弊端，有许多值得研究探讨的问题。一是注重行政班子建设，忽略发挥党组织的核心领导作用。在管理体制上，很多学校非常重视学校行政班子的建设，而在学校党组织的建设问题上，往往采用行政为主、党务为辅的办法。在学校进行重大问题决策时，党组织的核心领导作用一定程度上被弱化、淡化和虚化。二是注重党建工作形式，忽略效果。对很多学校而言，学校的主要任务是办学，是提高教学质量，学校党建工作作为整个党的建设的重要组成部分，虽然很重要，但毕竟不是学校的中心工作。由于这种思想认识的偏差，多数学校在党建问题上只注重搞形式主义。例如，一些学校在安排政治学习的形式上讲求多样性，也能注意把自学、集中学习与讲座结合起来，但缺乏针对性，政治学习只是停留在读原文和学习文件的表面层次上，对社会和群众关心的热点和学校工作的难点问题不能作深入的讨论和深层次的思考；在党建活动方面，一些学校把发展新党员、召开生活会当作主要内容，而且活动时间都集中在"七一"前的一个月或者前几天。时间过了，其活动也就可以搁置不问。至于活动的实效性，很少有人进行调查和分析。三是注重发展党员，而忽略党员教育与管理。很多学校都把发展新党员作为衡量和评价学校党建工作的主要标准。在他们看来，学校党建工作就是发展几个新党员而已，但在对党员的教育与管理问题上，总是认为学校应以业务工作为主，以教学为主，学校党建工作因此出现"疲软"现象。一些党员忘记了自己的身份，把教书育人视作一种谋生的手段，还有少数党员调离学校后，不转组织关系，不参加组织活动。对于上述种种状况，学校党组织也不问不管，总认为这是改革中出现的正常现象，完全忽略了党员教育在加强党的建设中的重要作用。

当前，中小学党建工作之所以存在着上述种种弊端，主要原因是思想认识不到位。相当多的人认为，目前学校实行校长负责制和教师聘任制，党组织很难发挥作用。还有一些人认为讲办学是实在的，抓党建是徒有虚名的。由于认识上的偏差和错误，很多人不仅完全混淆了二者之间的辩证关系，也给学校工作带来了不利的影响。中国特色社会主义进入新时代，全面推行素质教育作为我们基础教育的紧迫任务，不仅是学校的任务，更是学校党组织的工作，二者紧密结合、不可分割。学校党组织要时刻树立中心意识，增强责任感，提高认识，围绕中心抓党建，抓好党建促中心。

完善中小学党组织领导的校长负责制

一是坚持党管教育，加强党对中小学工作的全面领导。在进一步完善校长负责制的前提下，要建立和健全学校党建工作责任制，逐步规范学校党建工作的主要内容，加强党对中小学工作的领导，完善"党政分工负责，协同作战"的领导运行机制。对党中央关于党建工作的各项部署，要高标准、严要求地抓落实；要严格执行党的制度和纪律，坚持"党要管党""从严治党"的原则，加强督促检查，真正做到学校党政工作目标一致、责任分明、坚持原则、相互支持、密切配合，确保党建工作责任制落到实处。

二是发挥中小学党组织的政治功能。中小学校党组织是党在学校中全部工作和战斗力的基础。党组织要发挥政治核心作用，全面负责学校党的思想、组织、作风、反腐倡廉和制度建设，把握学校发展方向，参与决定重大问题并监督实施，领导学校德育和思想政治工作，培育和践行社会主义核心价值观，维护各方合法权益，推动学校健康发展。

三是保证党的全面领导在中小学落实的制度安排。要把坚持和完善党的领导制度体系放在突出位置，并把坚持和加强党的全面领导的要求体现到各方面制度安排中，在制度建设上下功夫。在新的历史时期，学校要特别注重学习制度、"三会一课"制度和民主评议党员制度的健全与完善，要重视党员的政治理论学习，并长期坚持，落到实处；要彻底改变"三会一课"的形式主义的做法；要通过民主评议党员和建立党员挂牌上岗制度，增强学校党组织的战斗力。

四是构建分工合理的中小学党政工作机制。学校的正常运转关键在于党政领导班子之间的合理搭配，既要有校长在教学管理、行政管理方面的精诚决策，又要有党组织在党建、思想政治工作和保证监督机制方面的运作。校长是学校教学指挥和行政管理的第一责任人，书记是学校党建和思想政治工作的第一责任人。校长对业务行政管理进行决策，书记负责保证监督。这是对中小学校长和党组织书记在其职能上的定位。为此，在日常的工作中，党政工作要明确各自的职责定位，认真履职，分工合作。校长要主动接受党组织的监督，书记要主动推动党组织的保证监督作用得以落实。同时，书记还要注意做好群众工作，与校长一同改进学校的师生思想政治工作。

五是依法治校、民主治校，推进校务公开。校务公开作为学校管理形式的重要组成部分，在学校管理过程中发挥着不可替代的作用，其对于实现依法科学治校，形成行为规范、运转协调、公正透明、廉洁高效的管理体制，充分保障师生和社会公众的知情权、参与权、表达权和监督权等具有重要的作用和意义，对于建设民主管理体制、构建和谐校园将产生积极而深远的影响。我们要深刻认识到校务公开工作在学校发展全局中的重要作用，始终把校务公开作为学校发展的全局性、战略性工作，列入重要议事日程，积极探索校务公开工作新举措，提高学校管理的民主化水平，促使学校进一步转变职能，更好地适应新形势下改革和发展的要求。党政部门要共同推进学校的校务公开，确保学校各方面工作在阳光下运行。从学校发展的大局出发，从长远的角度厘清各部门的工作职责、职权、工作原则，制订好工作计划，加强校务公开和依法治校工作之间的协调，解决好部门与部门工作中的交叉关系，及时处理工作中出现的矛盾和问题，提高工作效率，保证校务公开和依法治校工作的顺利开展。要坚持发扬民主，充分依靠全校教职员工，调动群众参与校务民主管理的积极性，充分运用好教代会和校园传媒等校务公开载体，提高校务公开的实效性。不断探索创新校务公开的运作方式和传播、反馈渠道，健全完善决策咨询机制，力求将校务公开工作落到实处，形成行之有效、形式多样的运作模式。

创新中小学基层党组织建设

一是中小学党组织建设的重点在于提升组织力。2018年7月，习近平总书记在全国组织工作会议上强调，加强党的基层组织建设，关键是从严抓好落实。要以提升组织力为重点，突出政治功能，健全基层组织，优化组织设置，理顺隶属关系，创新活动方式,扩大基层党的组织覆盖和工作覆盖。这为加强党的基层组织建设指明了方向、提供了遵循。"工欲善其事,必先利其器。"提升基层党组织的组织力,使基层党支部的思路、目标清晰反映出来,党员的思想、力量有效凝聚起来,必须在创新活动方式上动一番脑筋、下一番功夫。要注重激励关爱,组织开展各类主题党日活动,为党员积极搭建发挥作用、展示风采的平台,引导党员亮身份、作示范,增强党员身份认同和组织存在感。要注重党建带团建,推动党建文化与学校文化的有机融合,把党的基层组织建成团结党员、凝聚党员的坚强战斗堡垒。

二是以改革创新精神抓好中小学党组织建设。工作有创新是对中小学党建科学化水平的要求。坚持以改革创新精神加强学校党的建设,着眼于深化学校教育综合改革,针对党建工作的难点和热点问题,不断创新理念、思路和方法,尊重基层党组织和党员的首创精神,认真总结创新的成功经验和做法,形成尊重创造、鼓励创新的导向和创新成果不断涌现的生动局面。要创新工作理念。牢固确立党建工作以人为本的理念,以促进人的全面发展为目标,正确认识和把握党组织建设规律,围绕学校教育事业发展中心工作,找准党建工作与教育工作科学发展的结合点和着力点。树立"大党建"理念,有效整合资源,把服务学校改革发展的实际效果作为衡量学校党建工作成效的根本标准,增强学校党组织的创造力、凝聚力和战斗力。要创新方式方法。从党员的思想和工作实际出发，创新教育方法，由灌输向引导转变，由单一向综合转变，增强工作实效。创新组织生活内容、形式和载体，创新党性定期分析、民主评议等方法，积极开展思想性、知识性、趣味性融于一体的党日活动，努力提高党组织活动质量。提高党组织管理信息化水平，使党内统计、党费收缴、组织关系接转、党员教育培训、日常联系服务等基础党务工作高效运转。要创新制度体系。及时将有益经验上升到制度层面，以制度创新推动党建工作科学化。建立激励创新的工作机制，鼓励支持党员干部摒弃守旧思想，改变思维定式，把创新情况作为评选先进、评价党员实绩、考察推荐干部的重要内容。定期开展党建工作创新奖评选，加大对学校党建创新的支持奖励力度，推动党支部创新创优。

三是创建中小学校学习型、服务型、创新型党组织。创建学习型、创新型、服务型党组织是一项长期的系统工程，是时代发展的客观需要，也是提高党员综合素质的需要。创建学习型党组织，党支部和广大党员要牢固树立全员学习、终身学习理念，不断拓展学习内容，创新学习方法，丰富学习载体，健全学习制度，使学习成为党组织的鲜明特征。创建服务型机关党组织，要进一步转变工作作风，增强服务意识，党员干部要积极深入到职工中去，了解实际工作、生活情况，为职工办实事、解难事、做好事，充分发挥党组织的战斗堡垒作用和党员的先锋模范作用。创建创新型机关党组织，要进一步增强创新理念、创新思维、创新意识，进一步明晰机关工作主题、工作方向、工作目标，进一步推进部门创新工作、重点工作、特色工作，敢于打破传统的思维定式，创造性地开展工作，使基层党组织的创造力、凝聚力、战斗力得到明显提升。

四是推进中小学智慧党建。近年来，网络信息技术发展日新月异，给党的建设带来了深刻影响。人大附中朝阳学校党组织坚持与科技同行，积极推进"智慧党建"，为党建插上了网络信息技术的翅膀。建校以来，学校一直注重信息技术对党建水平的提升作用，充分利用官方网站和党总支公众号等信息平台，于2017年开发并上线使用了拥有学校自主知识产权的"党建通"信息化平台，推行"党建+互联网"模式，为全体党员提供了方便、快捷、高效的党建交流平台。在疫情防控中，积极采用在线学习、在线会议等方式开展党组织活动，为疫情防控期间充分发挥基层党组织的战斗堡垒作用、让党旗在疫情防控第一线高高飘扬提供了坚强保证。

创新中小学党员教育、管理和服务机制

一是让中小学党员教育、管理和服务工作"严"起来。党员是党联系群众的纽带，是党组织发挥战斗堡垒作用的动力源泉，因此要常态化开展党员队伍教育管理，坚持把加强党员教育管理作为一项基础性工作来抓，注重"三关"，让党员教育管理严起

来，致力于打造一支忠诚干净担当的高素质党员干部队伍。严把教育关，提高党性修养。必须将学习贯彻习近平新时代中国特色社会主义思想和党的二十大精神作为党员教育管理的首要政治任务，引导全体党员和积极分子全面学、系统学、贯通学、深入学、跟进学，自觉以理论武装头脑、指导实践、推动工作。严把管理关，发挥模范作用。坚持"三会一课"、民主生活会、民主评议党员等制度，做到哪里有党员哪里就有支部，确保党内政治生活不断规范化、制度化，不断增强党组织的凝聚力和向心力。只要以日常管理为基础，以教育惩处为手段，以长效机制为保障，不断创新方式，就能不断激发党组织活力，永葆党的生机。严把监督关，强化廉政担当。加强监督检查，推动各项规定落实，把严明党的纪律、严肃党内生活、严格执行党内监督条例作为党组织落实"两个责任"、党员干部履行"一岗双责"的主平台；要构建科学规范、管理民主的长效机制，用机制巩固党员监督管理工作成果。

二是让中小学党员教育、管理和服务工作"新"起来。要与时俱进，突出党员教育管理工作的时代性。实践在发展，改革在深化，理论在创新，决定了党员教育管理从内容到形式必须与时俱进，顺应时代发展的潮流，站在时代发展的前沿，努力使教师党员的思想水平和知识水平紧跟时代步伐。在教育管理中，我们必须坚持以习近平新时代中国特色社会主义思想为指导，结合党员队伍的现状，不断拓展对党员教育管理工作的思路，丰富党员教育管理内容，创新工作方法，努力为机关党员教育管理工作注入新的活力和生机，进一步增强党组织的凝聚力、战斗力，充分发挥中小学党员的先锋模范作用。要提高认识，激发热情，重视党员教育管理工作。根据学校人员变动和实际工作需要，及时调整充实党组织班子，补充新鲜血液，切实加强党组织自身建设。在党员教育方面，以构建学习型党组织为支撑，以党性党风教育为重点，经常组织党员学习党章和党内各种党纪条规，坚持上党课和开展党员活动日，强化对党员和全体教师热爱党、热爱祖国、热爱社会主义、热爱学校、热爱本职工作的教育，努力提高党员的政治素质。

三是让中小学党员教育、管理和服务工作"实"起来。中国特色社会主义进入新时代，我们要一以贯之加强党员教育管理，让中小学党员教育、管理和服务工作"实"起来。始终把这项工作抓紧抓实，才能让党的肌体拥有更多活力细胞，从根本上为国家打造一批政治过硬、作风过硬、本领过硬的新时代党员干部。党员教育管理工作要在提高质量上下真功，增强针对性和有效性，切实防止形式主义。要抓住理想信念这个"根本"，教育引导党员筑牢信仰之基、补足精神之钙、把稳理想之舵。要将加强党员教育、解决思想问题同关心党员、解决实际问题结合起来。要活化教育形式这个载体，充分发挥"互联网+"前沿技术，积极探索新媒体，利用学习强国App、微信客户端等新媒体平台，充分整合电视、微博、手机短信、网络远程教育等多种教育手段，在形式、内容、机制等方面实行创新。要将过去注重党员教育的次数量级转变到成长质量上来，真正实现党员教育在认识观念、教育形式、党员争先、凝聚力量等不同阶段的蜕变与飞跃。

四是推进中小学党员队伍建设的标准化、制度化。主要包括：严格制度管理促进规范。根据《中国共产党支部工作条例（试行）》，制作党支部工作挂图，梳理汇总并严格执行"三会一课"等基层党支部日常工作，从时间安排、参加人员、主要内容、具体要求等四方面做出统一规范。建立党支部"三册两簿三台账"并严格管理，确保基础档案健全完善，工作运行规范有序。健全党内生活促规范。要健全党内生活，树立一切到支部导向，坚持"三会一课"制度，全面推行党员"三日"制度，即党员固定活动日、党员政治生日及党员学习日，做到日子好记、时间集中、活动方便，使党员"三日"制度与"三会一课"制度融为一体，让党的组织生活更接地气、更好落实。完善领导班子民主生活会和党员专题组织生活会制度，党员领导干部参加双重组织生活。健全党员党性定期分析制度，认真做好民主评议党员工作，积极稳妥处置不合格党员。强化基础建设促规范。按照"六有八牌一岗"要求，建立标准化党员活动室，配备党旗、党徽、图书、电视机等党员教育设施。发挥党建信息平台作用，推进"互联网＋党建"，进一步拓展党的网络活动阵地。

创新党建带团建、促少先队建设的党建工作载体

一是创新党建带团建、促少先队建设的工作思路。学校党建带团建工作，是发挥学校团队组织生力军作用的根本保证，是确保学校团建工作政治方向的重要举措，也是新时期学校思想政治工作规范化、科学化的必然要求。我们要坚持不断创新工作机制，延伸工作手臂，大胆探索新时期学校党建带团建工作的崭新思路。要坚持党建带团建的基本原则，把团建工作纳入党的基础建设，要将团的组织建设作为党的基础性工作来抓，对团的工作经常提出新的思路和举措，深入学生、了解学生思想动态，经常对团工作开展情况进行检查，为团建出谋划策，给团的工作指点迷津，将党建与团建工作结合起来，真正做到以党建带团建，以团建促党建。要以党建带少先队建设，将党建与立德树人进行有机结合，扎实开展丰富多样的少先队德育活动。要更好地发挥"红领巾监督岗"和国旗下讲话活动的作用，充分利用各种社团活动，使各项活动做到有计划、有记录、有总结，在丰富学生课余生活的同时，使他们的各种能力在原有的基础上获得更大的提高。

二是建立健全党建带团建工作机制。我们要不断完善党建带团建工作机制，切实增强党建带团建工作的实效。建立党建带团建工作目标责任制度。把团建工作纳入党建工作的总体规划，制定具体的实施方案和阶段性的工作目标，层层签订责任书，统筹

工作的落实推进，实现团的思想教育工作同党的思想教育工作相衔接、基层团组织的阵地建设与基层党组织的阵地建设相衔接、团建与党建的目标管理体系相衔接，把目标责任制真正落实到两级党、团组织。建立党建带团建工作领导协调机制。建立领导协调机制，统一协调处理以党、团建设为重点的基层组织建设中的有关问题。定期召开协调会议，制定工作规划，掌握工作动态，确定工作重点，安排部署工作，总结交流经验，解决突出问题。建立党建带团建工作联系点制度。党、团组织建立党建带团建工作联系点，解决具体问题。对团建工作提出有针对性的指导意见，并认真组织实施。建立党建带团建工作考核制度。把党支部、团组织加强党建带团建工作作为考核党团领导班子实绩的内容，加大力度进行督促检查，培养和挖掘党建带团建工作典型，发挥其示范引导作用；对党建带团建工作重视不够、工作不力的责令整改。

三是抓好少先队建设，做实对少年儿童的成长服务。少先队是建设社会主义和共产主义的预备队。少先队建设直接影响少先队员的成长，关系到党和国家的未来。新时代新征程新使命，我们必须思想上重视、行动上有力，切实抓好少先队的建设，为党和国家培养有远大理想、品德优良、热爱祖国、热爱党和人民的接班人。抓好少先队建设，要认真学习贯彻习近平总书记致中国少年先锋队第八次全国代表大会的贺信精神和大会精神，落实第八次全国少代会部署要求，进一步增强责任感和使命感，引领少年儿童传承红色基因，践行社会主义核心价值观，努力培养能够担当民族复兴大任的时代新人。做好新时代少先队工作，要强化少先队政治启蒙和价值观塑造作用，加强少先队组织建设，构建社会化和实践化工作体系，引导广大少先队员在少先队这所大学校里立志向、修品行、练本领，为坚持和发展中国特色社会主义、实现中华民族伟大复兴的中国梦时刻准备着。要加强党团队一体化建设，加强对少先队工作的领导和支持，凝心聚力做好少先队工作，用心用情用力办实事好事，为新时代少年儿童茁壮成长提供坚实保障。

四是立德树人，引导学生知行并进，落在实践。立德树人，关系到党和人民教育事业的发展，关系到中国特色社会主义事业的全局和长远，是发展中国特色社会主义教育事业的核心所在。党的二十大报告明确指出："教育是国之大计、党之大计。培养什么人、怎样培养人、为谁培养人是教育的根本问题。育人的根本在于立德。全面贯彻党的教育方针，落实立德树人根本任务，培养德智体美劳全面发展的社会主义建设者和接班人。"[1]这一论断表达了党和国家对人才培养的总要求，指明了教育改革发展的总方向和学校全面提高人才培养质量的实质。中小学

---

[1] 习近平：《高举中国特色社会主义伟大旗帜　为全面建设社会主义现代化国家而团结奋斗——在中国共产党第二十次全国代表大会上的报告》，人民出版社2022年版，第34页。

教育要将立德树人作为立身之本，着力构建"三全育人"工作体系，不断提升人才培养的针对性和实效性，引导学生知行并进，切实肩负起培养德智体美劳全面发展的社会主义建设者和接班人的神圣使命。我们要营造爱国、爱家、爱学、爱习、爱校的文化氛围，把立德树人的理念和知行合一的要求，融入办学治校和教育教学各环节。通过教师指点、同学切磋、书籍引路，教育引导学生既善于从课堂学习、从书本中学习，又善于从实践中学习，在生活中感悟，善于在实践中总结经验、感悟真理，实现知识内化与品德提升的和谐统一，价值观塑造与能力培养、知识传授的有机统一。要坚持用社会主义核心价值观引领学生的世界观、人生观、价值观，引领学生以德修身、以德领才、以德润才，养成正确的政治观点和人生价值取向，教导学生正确处理好国家、集体和个人三者关系，自觉把个人人格修养与关心国家命运结合起来，把个人理想与中国梦、个人价值与国家发展结合起来，使个人价值取向更加符合国家社会发展的价值取向。

以党建机制创新引领人才培养机制创新

一是党建工作是人才培养之魂。以党的建设为魂引领教育发展，培养有远大理想、与时俱进、集知识和能力于一体的创新人才，是学校的重要任务。我们要坚持以习近平新时代中国特色社会主义思想为指导，认真贯彻落实党的十九大、二十大精神，扎实践行新时代党的建设总要求和党的组织工作路线，夯实党的基层基础，落实党管人才原则，实施人才强校战略，坚持将党的建设与改革发展同谋划、同部署、同落实、同考核，推动党的领导与事业发展有机融合、相得益彰，切实把党的领导优势转化为内涵发展优势，以党建引领发展、促进发展、保障发展，切实把学生成长成才、教师发展、学校发展有机融合、相互促进的发展理念落实落细，充分发挥党组织在教育教学、教材选用和人才培养等方面的政治把关作用。

二是紧紧抓住创新人才这个重要纽带。2018年，习近平总书记在庆祝改革开放40周年大会上强调："我们要坚持创新是第一动力、人才是第一资源的理念，实施创新驱动发展战略，完善国家创新体系，加快关键核心技术自主创新，为经济社会发展打造新引擎。"[①] 这是习近平总书记对创新和人才做的深刻而简明的阐述。创新是第一动力，人才是第一资源，一个是主观因素，一个是客观因素。只有创新的思路和措施而缺乏人才，是无本之源，容易陷入空谈主义。有人才而不懂或不能创新，则会裹足不前，缺乏进取。基础教育阶段的拔尖创新人才培养关系国家和民族的前途命运，是中华民族复兴道路中的关键环节。我们要深入学习

---

① 《习近平谈治国理政》第3卷，外文出版社2020年版，第186页。

贯彻习近平总书记关于教育的重要论述和最新重要讲话精神，牢记立德树人的使命，把培养时代新人摆在重要地位，高度重视创新人才培养，积极开展使命行动计划，强化使命驱动、注重大师引领、创新学习方式、促进科教融合、深化国际合作，不断完善相关制度和体制机制，为学生施展才华、展示风采提供更好环境、更广阔舞台，进一步开创培养担当民族复兴大任时代新人的良好局面。

三是创新机制让党建工作与人才培养有机衔接。党建工作就是育人的工作，必须不断探索党建工作的新形式、新方法、新载体，不断创新育人机制，提高党建工作的有效性，让党建工作和人才培养有机衔接。要加强党组织建设，学校党总支把握育人导向，统筹协调创新型人才培养工作；学校党政班子要遵循教育规律，围绕学校党政工作中心，坚持民主集中制，强化党政联席会议制度，重点增强领导班子的凝聚力、战斗力和创造力；党支部要充分发挥战斗堡垒作用，将思想引导、教学、科研、管理服务等各项工作统一到创新型人才培养的大环境中。要加强党建网络载体建设，通过网络管理手段实现党建和教育教学的结构创新，推动创新型人才培养。要建立、完善科学的评价体系，以创新型人才培养效果为标准，注重学生的道德素养、科学素养、科技创新素质及能力、实践能力、身心素质等协同发展指标，科学地对指标进行量化评价。

四是发挥学校党员先锋模范作用。学校党员要充分发挥先锋模范作用，以自身的党性修养及人格魅力引导、教育、感染和熏陶学生，全面提高学生德、智、体、美等综合素质。党员教师既是共产党员，又是人民教师，党员模范带头作用的发挥，对于推动教师队伍建设和提高教学水平有着至关重要的作用。党员教师要保持先进性，充分认识到发挥模范带头作用的重要性，以强烈的责任感、使命感，积极投身到教育事业中，把党和国家对教育的要求落实到实际行动中。

创新新媒体环境下中小学思想政治教育工作

一是积极宣传党的主张。随着信息科学技术的飞速发展，网络对经济社会的影响越来越深刻，与人们生产生活的联系越来越紧密。可以说，现代生活中网络无时不在、无处不有。将信息技术应用到党建工作中，既是信息时代发展的客观要求，也是党建工作改革创新的必然要求。要打开思路，充分利用网络等新媒体的优势和特点，推进网络宣传工作理念、内容、手段、队伍建设等全方位创新，积极宣传党的主张，弘扬新时代的主旋律。要利用好"党建通"党建学习平台，积极推行"党建+互联网"模式，依托党建新媒体平台，使信息的传达更为及时，帮助党员们第一时间掌握重要党建资讯，为党员学习提供方便。要充分运用学习强国App、党建门户网站等，组织党员干部经常学习，养成勤于学习的习惯,深入学习党的方针政策,贯彻落实党的决策部署,强化理论武装,筑牢思想基础,把网络学习平台打造成强化党员干部思想建设的重要载体。

二是传承红色基因,加强爱国主义教育。习近平总书记多次强调,要"让红色基因代代相传"。红色基因体现党的性质宗旨和精神面貌,涵盖维护核心、崇高信念、为人民服务、艰苦奋斗等多项内容。红色基因教育是少先队政治启蒙教育的灵魂和核心。组织开展传承红色基因教育,有利于帮助学生了解历史、认清现实、树立信仰、增强爱国主义情怀。当前新媒体环境下,在红色基因教育的探索和实践中,只有紧跟新时代,适应新形势,满足新要求,发挥新媒体特点和优势,才能不断提升传承红色基因教育的实效。我们要积极整合新媒体资源,创新传承红色基因教育的方式、方法,借助新媒体的优势,实现传承红色基因教育实效的提升,真正达到"1+1>2"的效果。我们要以积极的心态研究新媒体背景下传承红色基因教育的特点规律,找准新媒体与红色基因教育的契合点,应时而变、顺势而为,最大限度地发挥新媒体对红色基因教育的促进作用。

三是弘扬社会主义核心价值观。社会主义核心价值观是我国社会主义现代化建设的目标,也是从价值目标层面对社会主义核心价值观基本理念的凝练。中国特色社会主义进入新时代,社会主义核心价值观的内涵主要体现在富强、民主、文明、和谐、自由、平等、公正、法治、爱国、敬业、诚信、友善这二十四字箴言上。为了使学生能够理解和践行社会主义核心价值观的思想内涵，我们必须重视培养学生的价值取向，使其树立正确的个人价值观念。针对新媒体环境下社会主义核心价值观的培育存在内容片段、方法不当等问题，我们需要及时丰富培育手段。在实际教学过程中，很多教师没能根据实际情况对学生有的放矢，进行核心价值灌输，使学生没有从根源上理解社会主义核心价值观，不能完全吸收社会主义核心价值观的内在精神，从而无法有效地践行社会主义核心价值观。因此，在新媒体环境下，我们必须重视培养社会主义核心价值观的方式方法。通过不断拓宽教学思路，不断转变教学方法，及时发现教学中存在的不足，从根本上提升学生的价值思想内涵，进而提升学生在价值观层面上的实践能力。我们应依据新媒体环境，不断完善价值教育，将社会主义核心价值观生活化，不断提升学生的感知和领悟能力。通过将其与个人价值观念相融合，帮助学生解决生活中的各种问题，从而给学生提供一个展示自我、放飞自我的平台。通过将理性的知识灌输逐渐向情感灌输转移，从而给学生营造一个宽松自如的学习环境，进而能够使学生更好地消化相关知识，将社会主义核心价值观落实在日常生活中。

四是组织好中小学党课。党的十九大报告在阐述加强党的基层组织建设时明确提出坚持"三会一课"制度。在中学基层党组织"三会一课"的开展中,尤其是为全体党员上党课时,往往存在着支部成员时间少、任务多、工作繁重,教师党员教学任务重、授课时间分散,党员听不懂、不实用等问题。新媒体时代如何组织好党课,成为摆在中学基层党组织面前的一道难题。在这种情况下,为了组织好中小学党课,学校积极利用新媒体创新形式,结合时代创新内容,借助互联网搭建党课学习平台。依托"党建通"这一党建载体,充分发挥基层党建云平台的作用,利用云计算的存储介质、大数据等信息技术,将党建会议材料上传到基层党建云平台。同时,利用"互联网+"、新媒体平台等进行党课宣讲,开辟党课微课堂。通过线下集中讲授、线上上传党课视频等方式,形成课内课外互补,授课人与听课人互动的良好局面,从而提高党课的教育效果。用手机、电脑上微党课,创新党员学习教育方式,既节约时间,又方便党员。通过党课、微课堂,随时更新党建新政策、新理论,让党员干部及时充电蓄能。另外,在信息平台定期设立主题讨论,让党员干部实时交流学习心得,引导党员正面发声,树立风清气正的政治环境,营造良好的干事创业氛围。

五是加强学生心理健康教育。中小学生正值成长阶段,会受到各种环境因素的影响,会遇到各种矛盾和困难,易感受到沉重的负担和压力,导致不少青少年时常出现任性、偏激、冷漠、孤独、自私、嫉妒、自卑等不健康心理行为,甚至出现违法犯罪事件,严重危害家庭和社会。中学思想道德建设工作必须加强学生的心理健康教育，而新媒体环境对学生的心理健康发展有着至关重要的影响。新媒体所具有的信息资源丰富、交流快捷便利等特点可以使学生迅速获取需要的信息。同时我们也看到，学生正处在世界观、人生观、价值观形成的重要阶段，其选择信息的能力及是非善恶的辨别能力还有待于进一步提升。网络中存在各种价值观、网络信息良莠不齐，使学生更容易产生认知偏差。新媒体环境下的学校心理健康教育工作涉及多个领域，因此学校的心理健康教育只有经过理念和模式的创新以及受咨询队伍的健全才能为学生心理素质的培养提供专业化服务，从而达到促进学生身心健康发展的良好效果。为此，要完善学生心理健康教育体系。以人为本的现代教育理念强调尊重每个学生的独立人格，并要求促进学生的全面发展。要提高对学生心理健康教育的重视程度，切实关注学生的心理健康问题，根据学生身心发展的特点和教育规律为学生的心理健康建立牢固的基础。新媒体时代重在预防，因此当前学校应利用新媒体广泛普及心理健康知识，及时发现并掌握学生的心理动态，及早发现问题并对其进行有效教育和疏导。要重视和谐校园文化的建设。和谐的校园文化环境蕴藏着潜移默化的育人功能，可以调节人的心理，陶冶人的情操，激励人的意志，还能规范人的行为。因此，学校要着力于开展丰富多彩、健康活泼的校园文化活动、社会实践活动等，充分利用校园中的墙报、校刊、书籍、广播、学生社团、校园网络等宣传渠道的优势将心理健康教育和校园文化的建设紧密结合起来。要建立健全、多元的心理预防和干预机制。班主任、心理教师要加强心理学专业知识学习，帮助学生释疑解惑并及时疏通学生存在的心理障碍、心理冲突、心理困惑以及其他心理问题。同时，定期开展心理健康教育活动，引导学生树立正确的心理健康理念，从而整体提高学生的心理健康水平。

大力融合党性锤炼与师德教育

一是坚持党性修养与师德师风建设的融合发展。国运兴衰，系于教育；教育振兴，教师为本；教师大计，师德为魂。目前，党员教师在学校教师队伍中占有较大的比重，是学校教育教学工作的主力军，扮演着政治和职业双重社会角色。实现党员教师的党性修养与师德素质从分离向融合的转变，是党的建设过程中亟待我们深入思考、探索的问题。党员教师肩负着人才培养、社会服务、文化传承创新等社会责任，对社会主义的建设发展有着极其重要的影响。党员教师的政治角色要求党员教师要自觉地加强马克思主义的理论学习，不断增强自身的党性修养，永葆共产党人的先进性，树立正确的世界观、人生观、价值观，在学校教书育人工作中，充分发挥党员的先锋模范带头作用，积极践行党的教育方针政策，坚持教书育人的正确方向，在传授专业知识、培养职业技能的同时，把思想政治教育渗透在传道授业解惑之中，努力把学生培养成为适应社会主义现代化建设需求的"四有"新人。所谓师德，是指教师的职业道德，即教师从事教育教学工作时必须遵循的道德规范与行为准则。它的实质是教师如何使自身在教学活动中的行为有利于学校教育教学质量的提高，有益于学生德智体美的全面发展。党员教师的职业角色要求党员教师积极学习中国特色社会主义的理论思想，坚定共产主义的理想信念，本着"立德树人，教书育人"的教育理念，恪尽职守、敬业爱生，为人师表，坚持育人为本的教育观，以素质教育为主线，以习近平新时代中国特色社会主义思想为统领，积极探索、勇于创新，促进学生的全面发展。党员教师的党性修养和师德素质是相辅相成、相互促进、内在统一的。

二是坚持以锤炼党性为契机强化师德教育。党性是共产党员的立身之本，师德是人民教师的灵魂。党员教师是教师队伍中的中流砥柱，建设高水平的教师队伍是全面提高教育质量的基本保证。唯有一支思想政治素质高、业务水平强、结构科学合理、相对稳定的教师队伍才能打造一流的学校，才能推动教育事业科学发展。当前，中小学师德建设方面还存在一些问题和挑战，主要表现在：师德师风建设的日常工作机制不到位，缺乏系统、规范的教育机制。师德建设是教师队伍建设中的一项系统工程，不是单靠几次学习、几项活动就可以解决的。教师队伍是不断变化着的，师德教育也应随之有规划、长期反复地进行，成为常规性教育，要结合教师继续教育工程常抓不懈。部分教师欠缺职业崇高感。随着市场经济的发展，影响人们价值取向的诱惑因素越来越多。"利益最大化""交换""竞争"等法则成为市场经济有别于自然经济和产品经济的特有的经济价值观。许多教师在奉献与索取、风险与责任、理想与现实、付出与收获等方面的价值取向也不同程度地受到影响，职业崇高感缺失，导致教师职业世俗化。

以锤炼党性为契机强化师德教育是共赢的道路，既全面发挥党组织在师德师风建设中的主体作用，同时又通过不断加强师德师风建设来提高教师党员的综合素质。要加强党员教师的党性修养和师德素质，就必须建立健全相关机制，如建立党员教师定期进行政治理论学习的制度，以提高党员教师的政治素养，强化党员教师的宗旨意识，坚定党员教师的理想信念，使其忠诚于党和人民的教育事业，爱岗敬业、无私奉献；建立定期开展批评与自我批评的制度，促使党员教师能常以自省、自警、自律、自励之心来历练党性，树立正确的世界观、人生观、价值观，在教书育人工作中充分发挥党员的先锋模范带头作用，积极践行党的教育方针政策，坚持教书育人的正确方向，更好地服务于党组织建设和学校的长远发展大局；建立党员教师师德建设经验交流制度，使其注重加强自身的专业学习，不断提高业务水平，严格遵守师德规范，注重自身的师德素质，敬业爱生、为人师表，树立良好的师德形象，以高尚的人格魅力去感染和教育学生，成为学生学习的榜样，做学生的良师益友；建立优秀党员和师德标兵评选制度，以激励党员教师在自觉加强党性锻炼的同时提高师德素质，努力使双重身份高度融合，相互促进，高度统一。

三是坚持立己达人、爱党敬业的观念。《论语》有云："己欲立而立人，己欲达而达人。"在成就自己的同时，帮助无数生命的成长，正是教师这一职业立己达人的最佳诠释。作为教师，我们理应记住：教育人、造就真正的人，是职业，也是使命。教师的岗位是平凡而又伟大的，国家的发展、民族的进步、家庭的幸福、个人的成长，都离不开教育，教育关系着国家的繁荣富强、民族的兴衰成败。我们的教育是为人民服务、为中国特色社会主义服务、为改革开放和社会主义现代化建设服务的，党和人民需要培养的是社会主义事业建设者和接班人。我们教师要始终同党和人民站在一起，自觉做中国特色社会主义的坚定信仰者和忠实实践者，忠诚于党和人民的教育事业，自觉把党的教育方针贯彻到教学管理工作全过程，严肃认真地对待自己的职责。要注重加强中国特色社会主义理论体系的学习，加深对中国特色社会主义的思想认同、理论认同、情感认同，不断增强道路自信、理论自信、制度自信、文化自信，积极引导学生热爱祖国、热爱人民、热爱中国共产党。好老师应该做中国特色社会主义共同理想和中华民族伟大复兴中国梦的积极传播者，帮助学生筑梦、追梦、圆梦，让一代又一代年轻人都成为实现我们民族梦想的正能量。我们要用好课堂讲坛，用好校园阵地，用自己的行动倡导社会主义核心价值观，用自己的学识、阅历、经验点燃学生对真善美的向往，使社会主义核心价值观润物细无声地浸润学生们的心田、转化为日常行为，增强学生的价值判断能力、价值选择能力、价值塑造能力，引领学生健康成长。

落实全面从严治党责任，建设廉洁校园

作风无小事，处处皆教育。观察一个地方、一个单位的政治生态，往往有一个直观的标尺，那就是干部作风。习近平总书记反复强调，工作作风上的问题绝对不是小事。作风问题的本质是党性问题，是理想信念、宗旨意识问题，是政治立场、本色问题，因此我们更要牢记作风问题无小事。个人的成长、事业的成败往往跟作风问题息息相关。要坚持把党中央的路线方针政策，因地制宜地与本职工作相结合，做到认认真真履职、踏踏实实干事。人们常说，学校无小事，事事皆教育；教师无小节，处处皆楷模。"学高为师，身正为范"应该是一名合格教师该有的风范。教师只有完善自身素质，才能让学生从高尚的人格魅力中汲取有益的营养。我们要用最佳的作风锻造最好的教育事业。

大力加强校园廉政文化建设。校园廉政文化就是在校园文化建设中传播廉政知识，弘扬廉政精神，用廉政信仰陶冶师生员工的情操，推动人们形成良好的廉政修养、政治道德和思维方式，

营造出公平、公正、和谐的育人环境。加强校园廉政文化建设要让廉政教育进校园、进教材、进课堂,通过综合运用报刊、电视、广播、网络等多种载体,开展丰富多彩的文化活动,发挥廉政教育的传承和辐射功能,推动全社会先进文化和政治文明的建设;要突出校园廉政文化教育的重点和内容,改变校园廉政文化宣传教育工作方法,通过开展党团活动,制作廉政文化网页、多媒体廉政教育材料等,增加文化含量,深化教育效果;要在职工党员干部中深入开展保持共产党员先进性教育的活动。提高党员领导干部的精神境界、价值观念、道德修养、敬业精神、人格品德、廉洁操守。要活化教育形式,将廉政教育纳入组织、宣传等部门的各项教育活动中,以报告会、研讨会、知识测试、读书思廉等形式,有重点地解决党员干部思想上存在的问题。通过树立廉政典型,深入开展向身边先进人物学习的活动,以先进人物和先进事迹教育引导广大党员干部,使廉政成为党员领导干部的道德修养、自觉行动和生活方式。总之,我们要通过开展校园廉政文化建设,努力营造风清气正的教书育人环境,让学校成为培养浩然正气的场所,始终文明充溢。

积极创建新机制为教育高质量发展保驾护航。中学要不断创建新机制,聚焦主责主业,忠诚履职担当,全面推进廉洁校园建设,着力打造清廉学校,为教育的高质量发展保驾护航。一是强化制度保障,优化校园廉政文化机制。学校的制度建设体现了学校的办学方向、管理思想，要将廉政的内容和要求融入学校制度建设中，起到规范、引导、促进的作用。将廉政文化建设体现到学校章程和各项管理制度的制定和完善中，通过学校章程和各项管理制度使廉政文化建设具体化，使其真正体现在廉洁从政、民主集中的学校管理上，体现在学高为师、身正为范的师德师风建设上，体现在立德树人、严以治学的校风学风建设上，使廉政文化建设真正落地生根，从而推动形成和谐正气的校园文化氛围。二是强化精神引领机制，构建和谐校园廉政文化。精神文化建设是校园文化建设的核心，也是校园文化追求的最高层次。廉政文化建设不仅是一种制度建设，更是一种精神文化建设。学校教师具有多重身份，既要接受廉政教育，又要教育学生，教师在加强自身师德师风的同时要通过课堂的主阵地教授学生廉政文化的基本知识，以生动形象的案例教学让学生意识到腐败存在于社会的方方面面，从而促进学生廉洁修养的形成，真正做到教书育人。未成年人承载着中华民族的希望，担负着建设未来的重任，无论他们明天从事何种职业，都应该从根本上懂得廉洁自律的价值，在头脑中植根廉洁自律的理念，使廉洁自律成为其立身之基。三是强化行为倡导机制，拓宽校园廉政宣传形式。虽然我们在现有的校园文化建设中几乎处处都能看到廉政教育的身影，例如廉政黑板报、廉政教育的宣传画、廉政主题班会等，但多为被动型的灌输性教育，学生的参与性和接受程度普遍较弱。因此，学校还应该从创新廉政宣传的形式入手，引导师生在教学活动中楔入廉洁内容，在书画、诗歌、小品等文化作品的创作中融入廉洁主题，努力让学生们在参与具体活动中学习廉洁文化、感染廉洁基因，并通过学校领导和教师的日常行为示范，让学生们在思想上逐渐树立起廉洁自律意识。四是强化学校党的建设和反腐败工作力度。充分发挥党委主体责任和纪检监察组织的专责职能，切实加强对学校领导班子、领导干部执行廉洁自律规定的监督，将全面从严治党要求体现到学校教育管理全过程，建立健全学校信息公开和权力清单发布制度。

高质量党建引领中小学高质量发展

完善中小学校党组织领导的校长负责制

坚持党管教育，加强党对中小学工作的领导
发挥中小学党组织的政治功能
保证党的全面领导在中小学落实的制度安排
构建分工合理的中小学党政工作机制
依法治校、民主治校，推进校务公开

创新党建带团建、促少先队建设的党建工作载体

创新党建带团建、促少先队建设的工作思路
建立健全党建带团建工作机制
抓好少先队建设，做实对少年儿童的成长服务
立德树人，引导学生知行并进，落在实践

以党建机制创新引领人才培养机制创新

党建工作是人才培养之魂
紧紧抓住创新人才这个重要纽带
创新机制让党建工作与人才培养有机衔接
发挥学校党员先锋模范作用

创新新媒体环境下中小学思想政治教育工作

积极宣传党的主张
传承红色基因，加强爱国主义教育
弘扬社会主义核心价值观
组织好中小学党课
加强学生心理健康教育

大力融合党性锤炼与师德教育

坚持党性修养与师德师风建设的融合发展
坚持以锤炼党性为契机强化师德教育
坚持立己达人、爱党敬业的观念

落实全面从严治党责任，建设廉洁校园

大力加强校园廉洁文化建设
积极创建新机制为教育高质量发展保驾护航

创新中小学基层党组织建设

中小学党组织建设的重点在于提升组织力
以改革创新精神抓好中小学党组织建设
创建中小学校学习型、服务型、创新型党组织
推进中小学智慧党建

创新中小学党员教育、管理和服务机制

让中小学党员教育、管理和服务工作"严"起来
让中小学党员教育、管理和服务工作"新"起来
让中小学党员教育、管理和服务工作"实"起来
推进中小学党员队伍建设的标准化、制度化

全面从严治党，
共建风清气正的廉洁校园

古人云："不受曰廉，不污曰洁。"廉洁是中国传统道德中的一个基本规范，被视为"国之大维"、"仕者之德"和"人生大纲"。它包含着两层意思，一是为人廉洁，要求做人清洁自守，这是基础。二是为官廉洁，要求廉洁奉公，这是为官的基本要求。学校是培养祖国的建设者和接班人的主要阵地。人民教师作为一个特殊的知识分子群体，担负着提高人口素质、传播知识与文明，塑造人的灵魂的崇高使命。他们既是知识与道德的化身、学生所崇拜的偶像，也是社会所尊重的贤达，因此，无论是由职业性质所决定的，还是由党的章程所要求的，全体教师特别是党员教师，都必须努力加强自身党风廉政建设，强化理论学习，提高思想认识和业务水平，做守师道、正师表、履师职、铸师魂的模范，构建健康和谐的校园。

清正廉明，执政之基

我们要做到：一是制度严明。加强制度建设和作风建设，建立和健全党内民主生活制度，认真开展批评和自我批评，不断提高解决自身问题的能力，努力打造一支朝气蓬勃、发奋有为的领导班子和干部队伍。二是决策英明。在坚持校长负责制的基础上，实行重大问题集体讨论制度。重大决策，实行表决，形成决议，提交通过后，坚决执行。三是财务透明。财务管理的混乱，是滋生腐败的摇篮。学校要做到食堂账目日清月结，行政账务月月上报、期期公布。四是用人公正。坚持正确的用人导向，不断提高领导班子的能力水平，把那些政治上靠得住、工作上有本事、作风上过得硬的优秀干部选拔或推荐到领导岗位上来。五是考核公平。做好领导干部考核工作，加大干部队伍交流力度。六是信息公开。领导干部的选拔、教师的职称晋级、学生的生活补助，各种信息公开透明。"三明""三公"原则，体现了学校领导清正廉明的工作作风，极大地提高了学校领导班子的凝聚力、战斗力和公信力。

廉洁从教，师德之本

学高为师，身正为范，教师应当廉洁从教。这是对教师品行和作风方面的道德要求，也是教师高尚情操的具体体现，是师德之根本。

为师之道，重在德行、人品及修养。作为教师，我们在执教过程中要保持师德的高尚和纯洁，清廉自律。古语说"师道立则善人多，善人多则天下治"，可见师德具有多么重要的意义。教师作为培养人的专业工作者，其品德操行有着巨大的社会影响力，对学生具有强烈的熏染性。

崇廉敬廉，道德之境。习近平总书记在党的第十八届中央纪律检查委员会第二次全体会议上强调："要坚持勤俭办一切事业，坚决反对讲排场比阔气，坚决抵制享乐主义和奢靡之风。要大力弘扬中华民族勤俭节约的优秀传统，大力宣传节约光荣、浪费可耻的思想观念，努力使厉行节约、反对浪费在全社会蔚然成风。"[①]教师教育的对象是学生，是祖国未来的建设者和接班人。学生思想品德的好坏直接关系社会的稳定与和谐，影响社会良好风尚的形成。

廉洁教育，从学生抓起。学生在课堂上学习，在活动中熏陶，自觉地形成崇廉、敬廉、节俭、守信的道德意识，积极营造清正廉洁的校园氛围。

领导廉明治校，教师从教廉洁，学生崇廉敬廉，整个校园飘荡着廉洁的清风，弥漫着浩然正气。廉洁，让我们的校园风清气正；廉洁，让校园成为圣洁之地；廉洁，让圣洁之地托起栋梁之材！

---

① 《习近平谈治国理政》第 1 卷，外文出版社 2018 年版，第 387 页。

附 录
发挥党建引领，坚持立德树人[*]

---

[*] 作者：人大附中朝阳学校教师刘长根。

习近平总书记指出:"党政军民学,东西南北中,党是领导一切的。"①坚持党对一切工作的领导,在新时代坚持和发展中国特色社会主义基本方略中处于首要,在我国国家制度和治理体系中位居统领,是党和国家的根本所在、命脉所在,是全国各族人民的利益所在、幸福所在。作为党领导下的教育机构,中小学应该发挥党建引领,坚持立德树人。

提高政治站位,不断增强"四个意识"

教育是启迪心智、培养党的事业合格接班人的崇高事业。教育系统党员干部和知识分子密集,也是意识形态斗争的前沿阵地,必须把讲政治放在首要位置。我们要始终牢记"看北京首先要从政治上看"的要求,自觉坚定政治方向,站稳政治立场,践行"两个维护",把"四个意识""四个自信"转化成对党忠诚、为党尽职的实际行动,创造性地推动党中央决策部署在朝阳教育系统落地生根、开花结果。

我们要自觉向北京市委的要求对标看齐,以社会主义政治家、教育家的使命为荣,忠实贯彻党的教育方针,恪尽立德树人之责,倾心尽力培养社会主义合格建设者和接班人,为首都建设发展、为朝阳区建设提供智力支持。

---

① 《习近平谈治国理政》第 2 卷,外文出版社 2017 年版,第 21 页。

首都无小事，事事连政治。我们要始终坚持社会主义办学方向，全面加强学校党的组织建设，加强党组织书记队伍、学校领导班子、党员队伍和教师队伍建设，充分发挥学校党组织的政治功能。书记校长是学校的领军人、掌舵者，一定要增强政治责任感，坚持首善标准，维护好校园安全，为维护首都安全稳定做出贡献。以加强党的领导和党的建设为根本保障，以提升教职工思想政治工作水平和维护教育系统安全稳定为重点，推进教育系统各级党组织和广大党员干部不断增强"四个意识"，切实把讲政治、顾大局落实到学校工作的各方面。

坚持立德树人的根本任务，完善素质教育育人体系

深入推动习近平新时代中国特色社会主义思想进教材进课堂进头脑，构建德智体美劳全面培养的教育体系和更高水平的人才培养体系，健全家庭、学校、政府、社会协同育人机制，形成全员育人、全过程育人、全方位育人的格局。坚持教师主导，美好的教育蓝图需要广大教师去实现。中国特色社会主义新时代，必须坚持"四有"标准，坚持教书和育人相统一、坚持言传和身教相统一、坚持潜心问道和关注社会相统一、坚持学术自由和学术规范相统一，引导教师做学生锤炼品格的引路人、做学生学习知识的引路人、做学生创新思维的引路人、做学生奉献祖国的引路人，努力打造一支政治过硬、品德高尚、业务精湛的干部教师队伍。要关心关爱教师队伍，

随时关注他们的思想动态，加强正向激励引导。要教育引导教师感恩组织、回报社会，珍惜党和人民给予的荣誉，这既是对教师个人负责，也是对教育事业负责。办好人民满意的教育，在让学生和家长满意的同时，也要让教师满意。现在的教师不容易，教学、教研、培训一样都不能少，教研部门一定要积极研究改进教法，以教育技术的进步解决好减负增效的问题。作为书记校长，我们要考虑到教师的工作量、工学矛盾，充分发挥党支部、工会、共青团的作用，愉悦教师身心，提升教师的职业幸福感。

要牢固树立"劳动最光荣"的理念。习近平总书记在全国教育大会上提出德智体美劳"五育"并举，全面发展素质教育，构建和完善德智体美劳全面发展的育人体系，特别强调了劳动教育对于培养奋斗精神的重要性。回头看近年我们的教育实践，劳动教育严重缺位，抓得不紧不牢。从内部看，有的学校没有劳动课，有的教师甚至认为可有可无，有的家长把孩子奉为掌上明珠，衣来伸手、饭来张口，孩子最大的任务除了学习还是学习。从外部因素看，由于"一夜走红"等不良风气的影响，导致一些孩子产生"不劳而获"的念头。我们要发挥课堂主渠道的作用，通过学科德育，把劳动教育融合进去，形成具有朝阳特色的劳动教育课程体系。要建设全员育人、全方位育人的校园文化，形成尊重劳动、尊崇劳动者、尊重劳动过程、珍惜劳动成果的氛围。要广泛开展劳动实践活动，通过小手拉大手，促进家长劳动教育观念的转变，争取让家长配合和支持学校开展劳动教育，指导家长在家里为孩子提供劳动的机会，帮助孩子积极参与社区自愿劳动服务，形成家校共育、家校合作的和谐关系。

坚持党建引领，加强党对教育工作的全面领导

教育系统是思想政治领域的前沿阵地，书记校长要端正思想、提高认识，把中小学党建作为办学治校的基本功。从近几年的工作来看，基层学校的党组织建设基本上做到了建齐配强，开始发挥政治引领作用。要进一步健全基层党建工作体系，加强对二级党组织的指导和管理，确保每一级党组织都能发挥好政治核心作用。把"支部建在年级组"，就是要便于党支部发挥战斗堡垒作用。党支部要积极参与学校、年级、班级组织管理，引领优良班风学风校风建设，培育践行社会主义核心价值观，让广大师生在党支部强大的组织力、宣传力、凝聚力和服务力的带动下拥有更多获得感、幸福感、成就感。

党建工作与业务工作从来都是密切联系、高度统一的。扎实推进新时代党建工作，必须做到党建工作与学校中心工作同规划、同部署、同实施，真正把党建抓起来，使党建活起来，真正让党建解决问题。要发挥党的建设在学校人才培养、科学研究、教育教学等各项工作中的指导作用，牢牢把握社会主义办学方向；要落实立德树人根本任务，把思想政治工作体系贯通学科体系、教学体系、教

材体系、管理体系，切实增强思想政治工作的亲和力和针对性；要在教师引进、课程建设、教材选用、学术活动等重大问题上把好政治关，真正实现"政治上的明白人"与"业务上的高能人"的有机融合。要全面加强学校党建工作的组织领导，把党的建设工作列入教育督导的重点内容，把落实党建工作责任制纳入各学校领导班子年度考核的重要内容中，加强监督检查，推进学校党建工作再上新台阶。

教师是人类灵魂的工程师。我们教育系统的党员干部，理应有高尚的教育情怀，有高于一般行业的道德素质，要珍惜教师职业光荣，严守廉洁红线底线，做到以更强学识做老师，以更高标准为世范。加强对干部和人才工作的领导，把"政治上严把关，事业上重引导，心理上多鼓励"贯穿干部选拔任用和管理全过程，加强管党治党工作的领导。综合运用监督执纪"四种形态"，落实全面从严治党主体责任。严格干部日常管理，开展干部提醒诫勉函询工作。

第二篇

立德树人

大力推进大中小学思想政治教育一体化高质量建设的人大附中朝阳学校实践

大力推进大中小学思想政治教育一体化高质量建设的人大附中朝阳学校实践方案

★ 主要目标 ★
党建与教育教学质量提升双推进

↓

★ 总体工作思路 ★
围绕教育抓党建,抓好党建促教育

↓

★ 主要内容 ★
思政课课程一体化建设
学科社会实践活动一体化设计
党团队一体化建设
课堂教学改革一体化

↓

★ 有益经验和启示 ★
守正创新抓好思政建设,培养堪当重任的时代新人
建立健全思政一体化机制,推动高质量建设

2022年4月25日,习近平总书记在中国人民大学考察调研时指出:"中国人民大学从陕北公学成立之初就鲜明提出要培养'革命的先锋队',到新中国成立之初提出培养'万千建国干部',到改革开放新时期提出培养'国民表率、社会栋梁',再到新时代提出培养'复兴栋梁、强国先锋',始终不变的是'为党育人、为国育才',展现了'党办的大学让党放心、人民的大学不负人民'的精神品格。"①希望中国人民大学"落实立德树人根本任务,传承红色基因,让听党话、跟党走的信念成为人大师生的自觉追求"②。习近平总书记对中国人民大学的嘱托和要求,为我们开展基础教育工作指明了方向。培养什么人,始终是教育的首要问题。我国是中国共产党领导的社会主义国家,这就决定了我们的教育必须把培养社会主义建设者和接班人作为根本任务。培养社会主义建设者和接班人的道路,不可能一帆风顺,而是需要艰苦努力才能完成的任务。

青少年阶段是人生的"拔节孕穗期",需要精心引导和栽培。2019年3月18日,习近平总书记主持召开学校思想政治理论课教师座谈会并发表重要讲话强调,青少年是祖国的未来、民族的

---

① 《坚持党的领导传承红色基因扎根中国大地 走出一条建设中国特色世界一流大学新路》,《人民日报》2022年4月26日。
② 《坚持党的领导传承红色基因扎根中国大地 走出一条建设中国特色世界一流大学新路》,《人民日报》2022年4月26日。

希望。我们党立志于中华民族千秋伟业，必须培养一代又一代拥护中国共产党领导和我国社会主义制度、立志为中国特色社会主义事业奋斗终身的有用人才。在这个根本问题上，必须旗帜鲜明、毫不含糊。这就要求我们把下一代教育好、培养好，从学校抓起、从娃娃抓起。在大中小学循序渐进、螺旋式上升地开设思想政治理论课非常必要，是培养一代又一代社会主义建设者和接班人的重要保障。习近平总书记到中国人民大学考察调研时强调："青少年思想政治教育是一个接续的过程，要针对青少年成长的不同阶段，有针对性地开展思想政治教育。""鼓励各地高校积极开展与中小学思政课共建，共同推动大中小学思政课一体化建设。"[①] 党的二十大报告首次明确指出："用社会主义核心价值观铸魂育人，完善思想政治工作体系，推进大中小学思想政治教育一体化建设。"这充分体现出党中央对推进思想政治教育一体化的鲜明态度和坚定决心。

大中小学思想政治教育一体化高质量建设的
人大附中朝阳学校的实践方案

为了在全面建成社会现代化强国的新征程中进一步做好学校思想政治教育工作，人大附中朝阳学校依托中国人民大学，积

[①]《坚持党的领导传承红色基因扎根中国大地　走出一条建设中国特色世界一流大学新路》，《人民日报》2022年4月26日。

极探索创新推进大中小学思想政治教育一体化建设的实施方案。

人大附中朝阳学校把统筹小初高思政课一体化建设作为一项重要工程,全面贯彻党的教育方针,落实立德树人根本任务,为培养德智体美劳全面发展的社会主义建设者和接班人,在小学、初中和高中不同学段,深化思政课改革创新,大力推进思想政治教育一体化建设。在学校领导的高度重视下,小学、初中和高中思政课教师充分联动、齐心协力,共同推进小初高思政课一体化建设。与此同时,学校党委书记明确提出要坚持以高质量党建引领学校高质量发展,以"党建与教育教学质量提升双推进"为工作目标,以"围绕教育抓党建,抓好党建促教育"为总体工作思路,勇于创新,积极作为,健全完善人大附中朝阳学校党建制度,组织深入人心的学习活动,夯实了基层党组织的战斗堡垒作用。学校党委全面推进学校党建、宣传、德育、群团、思想政治教育等工作,并从思政课程一体化建设、学科社会实践活动一体化设计、党团队一体化建设、课堂教学改革一体化创新 4 个方面来全面推进小初高思政课一体化建设,促进思想政治教育一体化高质量建设。

(一)思政课程一体化建设

核心素养是课程育人价值的集中体现,是学生通过课程学习逐步形成的正确价值观、必备品格和关键能力。思政课程在不同学段培养的核心素养，具有循序渐进、由浅入深、一脉相承的逻辑关系，对培养时代新人有着重要的指导意义。

小学及初中学段道德与法治课程要培养的核心素养，主要包括政治认同、道德修养、法治观念、健全人格、责任意识。政治认同是社会主义建设者和接班人必须具备的思想前提，道德修养是立身成人之本，法治观念是行为的指引，健全人格是身心健康的体现，责任意识是对担当民族复兴大任的时代新人的内在要求。

高中思政课程旨在提高学生学科核心素养，增强社会理解和参与能力。思政课程的核心素养主要包括政治认同、科学精神、法治意识和公共参与。政治认同，是指拥护中国共产党的领导，坚持和发展中国特色社会主义，认同中华人民共和国、中华民族、中华文化，弘扬和践行社会主义核心价值观，牢固树立中国特色社会主义理想信念，厚植爱国主义情怀，成为社会主义建设者和可靠接班人。科学精神，就是在认识世界和改造世界的过程中坚持辩证唯物主义和历史唯物主义基本观点，领会习近平新时代中国特色社会主义思想，能够对个人成长、社会进步、国家发展和人类文明作出正确的价值判断和行为选择。法治意识，就是增强青少年法治意识，在生活中依法行使权利、履行义务，严守道德底线，维护公平正义，做社会主义法治的忠实崇尚者、自觉遵守者、坚定捍卫者。公共参与，就是培养青少年的公共参与素养，让他们了解民主管理的程序、体验民主决策的价值、感受民主监督的作用,增强公德意识和参与能力,追求更高的道德境界。

思政课程在小学和初中学段以社会发展和学生生活为基础,增强内容的针对性和现实性,突出问题导向,正视关注度高、涉及面广的问题,引导学生发现问题、分析问题、解决问题,提升道德理解力和判断力,强化规则、纪律、秩序、诚信、团结合作、冲突解决等教育;将道德与法治教育的方向引领和学生发展有机统一起来,坚持校内和校外教育相结合,引导学生走出课堂、走出校园,积极参与社会实践活动,把知识运用于社会,服务于人民,强化学生的社会责任感,提高他们的实践创新能力。

高中学段的思政课程在注重教师价值引导和学生主体建构的基础上,进一步深入结合学科逻辑与实践逻辑、理论知识与生活关切,以思维活动和社会实践活动等方式呈现,通过一系列活动及其结构化设计,实现"课程内容活动化""活动内容课程化"。

为了完成立德树人的总目标,人大附中朝阳学校思政课程建设的主要目标有以下几个方面:一是突出培养学生广阔的国际视野、远大的理想信念和强烈的家国情怀,让学生对新时代中国特色社会主义具备道路自信、理论自信、制度自信和文化自信,培养政治认同、科学精神、法治意识和公共参与能力,致力于使我们的高中生发展成为新时代面向现代化、面向世界、面向未来,具有中国精神和现代文明素养的卓越的社会主义建设者和接班人。

二是通过学科课程建设，提升学生在经济、政治、文化、生态、社会等各方面的知识和解决问题的能力，促进学生全面发展。形成人文社会科学领域拔尖创新人才的系统培养机制，让更多的人文社会学科拔尖创新人才脱颖而出，为培养能够服务国家重大战略需求的优秀人才打下坚实的基础。三是探索阅读学习、自主探究学习、项目学习、跨学科学习等方式，改革创新本学科的教学模式，形成以学生为主体、培育学生核心素养和关键能力、促进学生高阶思维发展的高效政治学科教学模式。四是依托优秀的教师团队，积极开拓社会优质教育资源，建构成全面系统、连贯深入的适应学生全面发展和拔尖创新人才特色发展的思政课程体系。五是通过学科课程建设，促进学科教师尤其是年轻教师在专业上快速发展，建设更高水平的教研组团队。

课程建设围绕落实立德树人根本任务，以培育社会主义核心价值观为目的、帮助学生确立正确的政治方向、提高思政课程核心素养、增强社会理解和参与能力的综合性、活动性，同时贯彻人大附中朝阳学校总体课程"三层五域"的构建理念，坚持理论与实践相结合的原则，采取"一体三翼"课程建设模式对学生进行马克思主义基本理论教育，用习近平新时代中国特色社会主义思想铸魂育人，培养德智体美劳全面发展的社会主义建设者和接班人，使学生在面对社会变革和实践创新中的新挑战、新问题时，能够用历史的眼光、国情的眼光、辩证的眼光、文化的眼光和国际的眼光观察、辨析、反思和实践，真学真懂真信真用马克思主义，在人生成长道路上把握正确的思想政治方向。

人大附中朝阳学校不断探索立足于新时代发展要求的思想政治教育一体化课程建设，紧密结合党的十八大以来党和国家事业发展目标对人才培养的要求，以培养能够担当民族复兴大任的时代新人为立足点，始终围绕解决"培养什么人、怎样培养人、为谁培养人"的问题来培养德智体美劳全面发展的社会主义建设者和接班人。人大附中朝阳学校遵循学生成长规律，做好学段层次衔接，坚持主渠道与主阵地的协同，初步形成了小初高一体化的思政课程。

（二）学科社会实践活动一体化设计

人大附中朝阳学校通过积极开展社会实践活动、开设活动性学科课程，强化学生的主体性，让学生在活动中接受熏陶和锻炼，体验人生和社会，培养爱国主义精神，增强社会责任感和集体意识，增强竞争意识和坚忍不拔的意志。

在思政课教育教学活动中，学校以培育思政课程核心素养和关键能力为目标，力求构建学科逻辑与实践逻辑、理论知识与生活关切相结合的活动型学科课程。学科内容以思维活动和社会实践活动等方式呈现，即通过一系列活动及其结构化设计，实现

"课程内容活动化""活动内容课程化"。学校注重对思政课程核心素养的培育,坚持教育与生产劳动和社会实践相结合,着眼于学生的真实生活和长远发展,使理论观点与生活经验、劳动经历有机结合,让学生在社会实践活动的历练中、在自主辨析的思考中感悟真理的力量,自觉践行社会主义核心价值观。

北京是一座有着3000多年历史的文化古都,也是我国首都,是国家的政治中心、文化中心、国际交往中心和科技创新中心。在古今交融的北京,传统文化资源与红色文化资源交织,故宫、长城、北京中轴线、颐和园等传统文化资源,香山、五四大街、北大红楼、东交民巷、中山纪念堂、毛主席纪念堂等红色文化资源,都为实践类课程的开展提供了独特优质的资源条件。

社会实践活动包括志愿服务、社会调查、专题访谈、参观访问,以及各种职业体验等。从学生的成长需要出发,通过乡土资源的开发与利用,例如开展模拟政协、模拟联合国、模拟法庭等实践活动,带领学生走近政协组织、走近国际组织、走近国家机关,更真实地体验政治生活,加深对课程知识的理解,为教学提供更广阔的空间、更丰富的资源、更真实的情境,加强大思政课建设。

注重实践类精品课程活动的评价。评价可以以议题为纽带,以活动任务为依托,不仅评价有关学科内容的学习效果,而且要评价学生在社会实践活动中表现出来的情感、态度、能力;可以以学生的自我记录、自我小结为主,兼顾同学、教师、家人和社区工作人员等的评价。

学科社会实践活动是以教师引导学生自主探索与合作交流的方式，通过开展形式多样、丰富多彩的学习活动，增强学生自主学习、自主探索、自主创新的能力。相较于校园实践活动，社会实践活动融合了社会因素，是链接社会生活与学习生活的桥梁。社会实践活动是培养学生创新精神和实践能力，提升学生综合素质的良好载体，是实施素质教育的一种良好形式。小学、初中、高中学段开展了一系列的精品社会实践活动。

小学精品社会实践活动主要包括以下几种：一是保护知识产权，我们在行动。2022年4月26日是第22个世界知识产权日，我们开展了以"为更美好的未来而创新"为主题的作品征集活动。二是宪法在身边，法律护成长。学校五年级学生参加了北京市人民检察院第二分院与北京市第二中级人民法院共同举办的"宪法在身边，法律护成长"主题开放日活动。三是税收普法进校园，红色税史润童心。为了增强青少年的税法意识，让税法理念滋润孩子们的心田，营造"教育一个孩子、影响一个家庭、带动整个社会"的良好氛围，人大附中朝阳学校与朝阳税务局联合组织了一系列税法宣传活动。四是辩论明锐，完善自我辩论赛。为培养学生的团队协作能力、逻辑思维能力、语言表达能力等，组织学生进行了关于"人性本善，还是人性本恶""中国人应不应该过西方节日""钱是万能的吗""应不应该放开生二孩儿""上网的利与弊"5个话题的辩论活动。

初高中精品社会实践活动主要包括以下几种：一是社会主义核心价值观原创小品大赛。以社会主义核心价值体系为导向，深入贯彻落习近平新时代中国特色社会主义思想，根据学生身心发展特点，分阶段分层次对初中学生进行爱祖国、爱人民、爱劳动、爱科学、爱社会主义的教育，为青少年健康成长奠定基础。二是模拟法庭及法治知识竞赛。以培育法治核心素养为目标，通过模拟法庭和法治知识竞赛，通过实际参与和体验，在学生心中树立宪法法律至上、法律面前人人平等、权利义务相统一的理念，使尊法学法守法用法成为人们的共同追求和自觉行为。三是社会观察及时事评论大赛。以培育健全人格和责任意识的核心素养为目的，引导学生适应社会环境，具有依法依规参与公共事务的责任意识和行为，通过开展社会观察、时事评论大赛等，增强学生的担当精神和参与能力。

（三）党团队一体化建设

人大附中朝阳学校党委明确要求要创建枢纽型党组织，带好团建和队建。在中小学校的组织体系中，党组织居于核心地位，发挥着枢纽作用。中国共产主义青年团是中国共产党领导的先进青年的群团组织，是广大青年在实践中学习中国特色社会主义和共产主义的学校，是党的助手和后备军。人大附中朝阳学校以党建带团建、队建，从生活中启发青少年学生志愿加入中国少年先锋队和中国共产主义青年团，进而帮助青少年树立远大理想，实现全员、全过程、全方位育人。

"红色基因、代代相传，我们要听党话、跟党走，培育新时代的好少年！"为全面加强党对校少先队、校团委工作的领导，以培育担当民族复兴大任的时代新人为目标，人大附中朝阳学校加强了党团队一体化建设。

为规范和细化团队衔接，促进团、队工作制度化、专业化、时代化、系统化发展，助力青少年建功新时代，近年来，学校始终坚持将政治标准放在首位，强化团队衔接，优化育人链条，为培养社会主义的合格建设者和可靠接班人而努力奋斗。

一是党建带团建，抓好少先队建设。少先队是建设社会主义和共产主义的预备队。少先队的建设直接影响少先队员的成长，关系到党和国家的未来。习近平总书记多次作出重要指示，对少年儿童健康成长和少先队工作提出希望、指明方向，为推进少先队改革提供了根本遵循。人大附中朝阳学校积极营造少先队工作发展的良好环境，切实抓好辅导员队伍建设，建立健全少先队工作督导评价机制等，积极发挥党组织在少先队工作中的作用，以此为推进素质教育、提升教育质量畅通路径。

党章明确指出，共青团组织是党组织的助手和后备军。共青团要当好助手和后备军,就必须借力党组织,发挥共青团组织动员优势,激发团组织活力。人大附中朝阳学校一直坚持党建带团建,不断加强党对共青团工作的领导,完善党建带团建的制度保障,拓展党建带团建的工作空间,不断加强中小学团组织的自身建设。

中小学的团建与少先队建设工作意义重大、深远,关系着中国特色社会主义事业建设者和接班人思想素质的提升。新时代,共青团和少先队要紧跟党走在时代前列,紧紧围绕党和国家工作大局找准工作切入点、结合点、着力点,团结带领广大青少年在实现中华民族伟大复兴的征途中续写新的光荣。

二是以团队活动室设计为契机,夯实团队阵地建设。团队活动室作为组织教育共青团员及少先队员的有形阵地,在共青团及少先队阵地教育中发挥重要作用。它是团队干部及共青团员、少先队员进行学习、讨论、活动、工作的场所,是共青团及少先队工作的重要组成部分。团队活动室的建设是开展团队活动的前提,健全少先队组织是建设好少先队的基础。

三是扎实开展党团课学习,传承红色基因,培育时代新人。为深入贯彻《中学共青团改革实施方案》精神,推动人大附中朝阳学校学生团校建设的规范化、常态化开展,学校为高中学段制定团课考核积分方案。高中部实行学生团干部讲团课活动,由高二年级团总支干部讲授团课内容,覆盖基本知识与讨论活动类课程，加强学生团员干部建设，提升其责任意识和领导能力。

高中学段自高一年级起开展人大附中朝阳学校学生业余党校活动，每年在5—6月进行活动。作为高中综合实践活动的一部分，人大附中朝阳学校学生党校始终坚持通过理论讲解、知识教育、思想引导，为学生确立正确的世界观、人生观和价值观，引导学生学好党史，树立新时代青年人应有的理想信念，开展共同学习党的基本知识与理论（党的发展史）、新闻热点知识、科技强国相关知识，开设青年责任讨论活动课等。人大附中朝阳学校党委书记多次给高中学生讲党课，让新时代党课绽放光彩，引导青年学子坚定理想信念，积极向党组织靠拢，引导学生加深对党的感性认识，增强对党的理性认同和情感认同，勉励同学们继承发扬中国人民大学传统，传承红色基因，以实现中华民族伟大复兴为己任，做堪当时代重任的时代新人，把青春奋斗融入党和人民事业，为实现中华民族伟大复兴贡献青春力量。

（四）课堂教学改革一体化创新

基于课程发展要求及课程理念的课堂教学改革势在必行。在推动小初高思政课一体化建设的过程中，我们始终坚持思政课程是学生思想政治教育主阵地的理念，并根据新一轮基础教育课程改革的要求，在培养学生政治认同、法治意识、理性精神和公共参与等核心素养方面加强研究和落实。

因此，我们应该以培养学生核心素养为契机，积极探索改进思想政治教育教学，转变传授基础知识技能的现状，将重点落在培养学生系统化、深层性的思维能力上，培养学生开放学习、独立思考、主动迁移等能力，通过较高认知水平层次上的心智活动，培养学生分析、综合、评价和创造的能力。

有力推进议题式教学改革。近年来，议题式教学改革不断推进，更多"生本位"课堂出现，教学工作重点进阶为关注学生学习的有效性，强调深度学习——通过学生深度参与活动型课程激发其元认知体验，培养其高阶思维能力，使其在思政课程中得到有效反馈，最终将社会主义核心价值观外化为学生的自主行动。因此，学科核心素养中的能力培养、价值涵养等都能以高阶思维能力培养为指南落实到教学之中，为议题式教学评价提供全新的参考体系。

议题中心教学法亦称议题为本方法或议题导向方法，是指以争论性议题为教学中心，教师综合相关学科知识，采取多种教学方法，将议题的正反观点呈现给学生的一种教学法。议题中心教学法以议题为基点，运用已知知识探究未知知识，强调自主、合作、探究，立足真实情景和现实生活，能够活跃学生的思维思想，学生参与社会生活的能力能得到较好的锻炼，对学生素养的养成有益。议题中心教学法的操作环节，一要以学科核心素养为导向，确立教学目标。着力培育学生"四个核心素养",在此基础上开展教学活动才不会偏离根本。二要精心选择和确定议题。好的议题应该具有现实性,是现实生活中真正发生的问题,能够引起学生的兴趣,能够引导学生分析和解决问题并做出正确的价值判断和价值选择。三要设置有效的教学情境。学科核心素养的培养不能在传统的灌输方式中实现,只能在学生的学习体验过程中形成,创设有意义、有价值的教学情境是议题中心教学法的载体和基础。四要注重教学评价和经验反思,以评促教、以评促学。立足议题式教学要改变唯分数的评价观,采用多元化的评价方式和方法,以学生成长为本。

全面构建活动型思政课。活动型思政课程的构建是2020年思政课程标准修订的最显著的亮点,也是培育思政课程核心素养的关键所在。首先要确立活动型政治课的主题内容。教师要根据教材和课程标准的要求,围绕教学重难点,在活动中完成对学生知识的讲授和学科核心素养的培育。其次要注重活动型政治课的实施过程。在准备阶段,教师和学生要做好充分的准备工作,教师认真备课,学生充分发散思维。在开展阶段,教师发挥引导作用,学生充分发挥主体作用,积极参与其中。在总结阶段,教师对活动型政治课存在的问题和可取之处进行及时总结,学生认真反思自己在活动型政治课中是否获得了知识和能力。最后要设置多种形式的活动型政治课,主要包括体验型、议辩型和实践型等。

有目的、有计划、有主题、有收获地参与各种相关社会活动，历经社会活动设计、参与、记录、反思、总结、提升、交流、分享、沉淀、习得等环节，在社会活动参与中不断学习知识、提升能力、习得素养，这就是活动化教学方式。首先，进行精心设计、积极引导。教师要提出明确的目标和要求，制订详细的计划和安排，在活动过程中给予正确的引导。其次，进行详细记录、反思总结。教师在社会活动教学中起着统领全局的作用，在社会实践活动中及时跟踪记录。学生在社会实践活动中也要进行及时的归纳和总结。再次，学生进行学习成果分享交流。在每一次进行社会实践活动的体验后，教师要给学生提供展示交流的平台，对学生的学习成果进行及时有效的评鉴，对优秀成果进行表扬和鼓励，对稍有不足的成果进行批评和指正，为以后更好地实施社会活动教学积累经验。

人大附中朝阳学校通过小学、初中、高中三个阶段思政课的集体备课、教研、评价，实现教学和育人的层层递进，不断开发完善思政相关的校本课程和社团活动，使研究内容坚持从"点"到"线"的贯通，思政必修课、校本选修课、活力社团互为有益补充。课程是育人的主渠道，人大附中朝阳学校依据学情、课标、教材，整合各方面资源，依托教委平台，开展思政示范课，通过党团队一体化建设，通过优秀学生的典型示范、榜样引领、主题班会等形式，使工作对象坚持由课及人的延伸，用以理服人和以情感人相结合的方式立德树人。人大附中朝阳学校既立足"思政小课",扎根于思政课教育实践,又面向社会大课堂,举行国家博物馆游学、中国共产党党史博物馆游学、军事博物馆游学等各类实践活动。学校以思政课为主战场,同时整合家庭、社会、政府等多方面的力量,构建有机融合的思政教育共同体,使实践范围实现自内而外的互联,初步形成了思政一体化协同育人的新格局。思政一体化的功效是立德树人,德育是所有学科都应体现的教学目标,人大附中朝阳学校开展跨学科思政教育课程,以思政学科为主,深挖其他学科的德育"点",形成"思政+"学科融合模式,使学科功效坚持自"一"而"众"的渗透,实现各学科教学的德育渗透。

大中小学思想政治教育一体化高质量建设的人大附中朝阳学校实践方案的有益经验和启示

第一,守正创新抓好思政建设,培养堪当重任的时代新人。具体说来,一是要发挥好思政课立德树人的关键课程作用。当前形势下,办好思政课,要放在世界百年未有之大变局、党和国家事业发展全局中来看待,要从坚持和发展中国特色社会主义、全面建设社会主义现代化强国、实现中华民族伟大复兴的高度来对待。要用好课堂教学这个主渠道,思政理论课要坚持在改进中加强,提升思想政治教育的亲和力和针对性,满足学生成长发展的需求和期待，其他各门课都要守好一段渠、种好责任田，使各类课程与思政理论课同向同行，形成协同效应。

思政课的本质是讲道理，要注重方式方法，把道理讲深、讲透、讲活，教师要用心教，学生要用心悟，达到沟通心灵、启智润心、激扬斗志的目的。教师要在教学过程中进行多样化探索，通过多种方式实现教学目标；要善用身边的鲜活资源，将道理和事实相结合，因地制宜、因时制宜、因材施教，使红色的印记深植于学生幼小的心灵，润物无声，生根发芽；要注重启发式教育，引导学生发现问题、分析问题、思考问题，在不断启发中让学生水到渠成地得出结论。这里面，会讲故事、讲好故事十分重要。思政课就要讲好中华民族的故事、中国共产党的故事、中华人民共和国的故事、中国特色社会主义的故事、改革开放的故事，特别是要讲好新时代的故事。讲故事，不仅教师要讲，而且要组织学生自己讲。

二是要全面统筹，加强大思政课体系建设。学校要把思想政治理论课建设提上重要议程，抓住制约思政课建设的突出问题，在工作格局、队伍建设、支持保障等方面采取有效措施。大思政课之"大"就在于它是一门社会大课，是系统工程，光靠学校还不够，需要社会各方参与。要坚持系统观念，练好内功，形成党委统一领导、党政齐抓共管、有关部门各负其责、全社会协同配合的工作格局，健全讲好"大思政课"的保障促进体制机制，汇聚全社会的育人合力。

三是要着力推进大中小学思政课一体化建设。2020年12月,教育部成立了大中小学思政课一体化建设指导委员会,加强对不同学段、不同类型学校思政课建设的分类指导。各个学校要积极探索,根据思想政治理论教育规律和学生成长规律,科学设置具体教学目标。要用好用活各种资源,推动思想政治理论课改革创新,提升育人效果。改革创新是时代精神,青少年是最活跃的群体,思政课建设要向改革创新要活力。2022年4月25日,习近平总书记在中国人民大学考察调研时指出:"鼓励各地高校积极开展与中小学思政课共建,共同推动大中小学思政课一体化建设。"[1] 2022年9月1日,中国人民大学在人大附中和人大附中分校设立了大中小学思政课一体化建设教育基地。2023年2月24日,中国人民大学大中小学思想政治教育一体化建设系列公开课暨"全球治理通识课:从中学课堂到国际组织"系列课程启动仪式在人大附中举行。中国人民大学校长林尚立出席了启动仪式并致辞强调,推进大中小学思想政治教育一体化建设,一定要从立德树人的高度、党和国家事业后继有人的高度、中华民族伟大复兴的高度来领悟其重要性、特殊性和不可替代性,务必认识到思想政治教育关系到中国社会发展的长盛不衰,关系到中华民族

---

[1] 《坚持党的领导传承红色基因扎根中国大地 走出一条建设中国特色世界一流大学新路》,《人民日报》2022年4月26日。

的生生不息。

四是要加强思政课教师队伍建设。教育是国之大计、党之大计。教师是立教之本、兴教之源。教师队伍建设是学校发展的根本性支撑和重要支柱，我们要以习近平总书记关于教育的重要论述为指引，加强教师政治把关、理论学习、国情教育、实践锻炼、人文关怀等工作，引导广大教师践行育人使命，把严爱相济、润己泽人的理念融入教育的各领域、全过程，做精于传道授业解惑的"经师"和"人师"的统一者。思政课能否讲深、讲透、讲活，教师至关重要。习近平总书记2014年在同北京师范大学师生代表座谈时强调，全国广大教师要有理想信念、有道德情操、有扎实学识、有仁爱之心。2016年12月，习近平总书记在全国高校思想政治工作会议上指出："要加强师德师风建设，坚持教书和育人相统一，坚持言传和身教相统一，坚持潜心问道和关注社会相统一，坚持学术自由和学术规范相统一，引导广大教师以德立身、以德立学、以德施教。"①2021年3月6日，在看望参加全国政协十三届四次会议的医药卫生界、教育界委员并参加联组会时，习近平总书记强调："教师是教育工作的中坚力量。有高质量的教师，才会有高质量的教育。做好老师，就要执着于教书育人，有热爱教育的定力、淡泊名利的坚守，就要有理想信念、有道德情操、有扎

---

① 《习近平谈治国理政》第2卷，外文出版社2017年版，第379页。

实学识、有仁爱之心。要把师德师风建设摆在首要位置，引导广大教师继承发扬老一辈教育工作者'捧着一颗心来，不带半根草去'的精神，以赤诚之心、奉献之心、仁爱之心投身教育事业。"① 办好思想政治理论课关键在教师，关键在发挥教师的积极性、主动性、创造性，要给学生心灵埋下真善美的种子，引导学生扣好人生第一粒扣子。各校要对思政课教师队伍建设进行严格把关，要让有信仰的人讲信仰。对马克思主义的信仰，对社会主义和共产主义的信念，只有先在思政课教师心中扎下根，才能在学生心中开花结果。同时，学校要优化专职教师配备、提升教师专业水平、优化教师激励机制等。思政课教师要对自己严格要求，既要遵守教学纪律，也要遵守政治纪律和政治规矩，做到课上课下一致、网上网下一致。

2022年4月，教育部等8个部门印发了《新时代基础教育强师计划》（以下简称《计划》）。这是适应教育现代化和建设教育强国要求，贯彻落实《中共中央、国务院关于全面深化新时代教师队伍建设改革的意见》的重要举措。《计划》特别强调，要坚持师德为先，把教师思想政治和师德师风建设放在首要位置，围绕落实立德树人根本任务，全面加强中小学教师思想政治建设，提

---

① 《把保障人民健康放在优先发展的战略位置 着力构建优质均衡的基本公共教育服务体系》，《人民日报》2021年3月7日。

高教师的政治意识、政治能力，严格落实师德师风第一标准，突出全方位全过程师德养成，推动教师以德施教、以德立身。

坚持教育者先受教育，将习近平新时代中国特色社会主义思想融入教师培养培训课程，引导广大教师深刻领悟"两个确立"的决定性意义；增强"四个意识"、坚定"四个自信"、做到"两个维护"。常态化推进师德培育涵养，推进师德师风基地建设，创新师德教育方式，完善教师荣誉表彰制度，将师德师风作为评价教师队伍素质的第一标准，落实新时代幼儿园、中小学教师职业行为十项准则，引导教师坚持"四个相统一"，争做"四有好老师"，当好"四个引路人"，打造理想信念坚定、思想政治素质过硬、道德情操高尚的教师队伍。

第二，建立健全思政一体化机制，推动高质量建设。具体说来，主要包括：一是要建立跨学段听课机制。通过前期调研问卷了解到，59%的高校思政课教师没有去过中小学听课，没有机会与中小学教师进行交流，93%的高校教师希望有机会能到中小学去听课，多数中小学教师也希望走进大学听课。我们要积极创造条件，构建长效机制，促进大中小学不同学段实现相互听课，通过大学教师走进中小学听课，小学教师走进中学、大学听课，中学教师走进大学、小学听课，切实提高思政课教学的针对性、有效性。

二是要建立"手拉手"集体备课制度。2020年中宣部、教育部印发的《新时代学校思想政治理论课改革创新实施方案》强调，要围绕教材使用，分课程、跨课程、跨学段组织大中小学思政课教师集体备课，每年至少一次。按照这一工作要求，我们要建立大中小学思政课教师集体备课制度，着手建立"手拉手"集体备课中心，破除大中小学段壁垒，实现思政课教学内容有效衔接。一方面要注重加强大中小学不同学段，特别是相邻学段思政课的课程目标、教学内容、教学方式的研究，另一方面也可以围绕重大历史主题、重大时政热点开展专题集体备课，促进大中小学在思政课教学目标、内容、方式上的顺序性、衔接性和递进性。

三是要促进思政小课堂与社会大课堂一体化建设。中小学校和高校要共同加强对社会思政育人资源的开发和利用，依托北大红楼等32个红色教育基地及文化场馆、科技场馆、博物馆等校外教育资源，充分挖掘学校自身的校史校情育人资源，积极打造思政课实践教学大平台，实现学校小课堂与社会大课堂的有机结合，努力建设"行走着"、"思考着"、"体验着"和"践行着"的大思政课。

四是要探索建立高校马克思主义学院研究生参与服务中小学思政课教学机制。试点高校和单位可依托马克思主义学院，根据附中、附小思政课教学需求，有针对性地选派马克思主义理论、中共党史党建、思想政治教育等相关专业的博士、硕士生到中小学担任思政课助教或实习代课，参与大中小学思政课一体化建设和研究。

五是要打造思政课线上教育资源共享平台。要有针对性地加强思政课线上优质教学资源建设，积极推进数字资源和网络教学信息课程资源库建设，逐步规范和完善服务大中小学一线教师的问题库、案例库、素材库和在线示范课程库等资源库，为提高思政课教学质量提供更为有力的支撑。

六是要助力优化教学评价体系。聚焦提高思政课教学质量，助力学校建立由校领导、教学督导、马克思主义学院班子成员、思政课教师和学生共同参加的多维度综合教学评价工作体系。

七是要结合实际推进工作创新。要坚持问题导向，增强主动意识，积极探索和完善与本单位思政课建设相契合的体制机制改革和路径方法创新。建议有条件的学校组织专项课题予以推进落实，大力促进思政课改革发展，使思政课质量显著提高，有效发挥沟通心灵、启智润心的重要育人作用，让思政课成为真正的一门教师用心教、学生用心听的课程。

落实立德树人
促进健康成长

德与人的具体价值内涵随着时代的发展变化而不断丰富。新中国成立以来，中小学思想道德教育一直在曲折中前行。在新时代中小学教育中，贯彻落实立德树人这一根本任务具有深刻的理论渊源，体现了我国进入新历史方位的现实需要，契合了新时代社会主要矛盾的变化对教育带来的新要求，契合了培养担当民族复兴大任的时代新人的历史性任务。

立德树人的实践路径与举措建议

一是遵循思想道德教育规律和中小学生的身心发展规律是落实立德树人根本任务的基本依循。中小学教育既要遵循思想道德教育的普遍规律，也要高度重视青少年个体的个性与接受能力，要关注、把握和遵循青少年个体的身心成长规律性，努力实现二者的有机结合。按照德育的总体目标，根据不同年龄段青少年的成长特点，确定不同学龄阶段德育的内容和要求。

首先，要突出爱党、爱社会主义教育，引导学生树立正确的世界观、人生观和价值观，牢牢把握知识为谁所用、为谁服务的方向。其次，要突出爱国主义教育，把弘扬和培育民族精神作为新形势下学校德育工作的重要任务，积极开展多种形式的中国革命、建设和改革开放的历史教育、国情教育，引导学生从小树立民族自尊心、自信心和自豪感。再次，要加强基础道德和法治教育，以文明行为习惯的养成教育、诚信教育、遵纪守法教育以及中等职业学校学生的职业道德教育为重点,规范学生的行为习惯,培养良好的道德品质。最后,要加强德育载体建设,构建课内外教育良性互动机制。思想道德教育要靠潜移默化、润物无声的影响,要让学生在课内和课外教育活动中体验和思考,逐渐形成道德认知和良好的行为习惯,促进学生知情意行的和谐发展。要建立健全课堂教学和课外活动联动的有效机制,促进课堂教育和社会实践活动的有机结合。

二是尊重学生的主体性是落实立德树人根本任务的必由路径。必须充分调动学生的主观能动性,在教育内容的选择上要尊重学生的自主性,在教育方法的选择上要尊重学生的创造性,强化学生的主体性。要积极开展社会实践活动,强化学生的主体性。学生主体性的发展是以活动为中介的,学生只有投身于各种活动之中,其主体性才能得到良好的发展。学生在活动中形成主体性,在活动中表现出主体性。积极开展社会实践活动,让学生在实践活动中接受熏陶和锻炼,直接体验人生和社会,在社会实践中接受思想道德教育。通过社会实践活动,培养学生的爱国主义精神,增强社会责任感和集体意识,增强竞争意识和坚忍不拔的意志。

三是坚持全面系统的综合评价是落实立德树人根本任务的必要举措。立德树人理念要求建立这样一种中小学教育质量评价制度,即在体现素质教育要求的同时,还要注意以学生发展为核心,切实扭转传统视域下仅以学业考试成绩和升学率作为评价指数的倾向。要纠正一些学校存在的以升学率作为唯一标准评价学校办学水平的片面做法，形成学校、教育行政部门、学生、家长和社区共同参与的学校评价机制，对学校办学的指导思想、德育工作、课程实施与管理、师德建设、学生团队活动、学生全面成长等情况作全面评价。其主要举措包括建立综合评价指标体系，着力构建中小学教育质量综合评价指标体系、健全评价标准、改进评价方式。

四是发挥好教师的主导作用是落实立德树人根本任务的关键环节。健全师德师风，建设长效机制，拓宽教师文化视野，提高教师综合素养，加强教师教育体系建设，使人民教师真正成为当代中国社会中马克思主义的坚定信仰者、先进思想文化的传播者以及中小学生健康成长的指导者和引路人。首先，要切实加强教师的职业道德和职业精神教育，让教师学会热爱、学会敬业、学会正确的价值判断、学会教育教学的真本领，珍惜教师的光荣，爱惜这份职业，严格要求自己。其次，要抓好中小学的校长队伍建设，要培养一批能坚持"学生为本、德育为先"办学方针的中小学校长，确保德育工作有效推进。最后，要加强班主任队伍建设，要选派思想素质好、业务水平高、责任心强、有奉献精神的优秀教师担任班主任。

树立培育生长品的生态思维

"育"是要树立培育生长品的生态思维。要构建育人新模式，营造育人新生态，全面提升人才培养水平。一方面，要聚焦学生，科学把握学生的特点，遵循教书育人规律、学生成长规律，因材施教、精耕细作，实现千姿百态的教育效果。要将最优质的资源配置给学生，为每一位学生提供适合的教育、可选择的教育，让学生享有更多的获得感和幸福感。另一方面，要聚焦教师，大力加强教师队伍建设，进一步优化教师素质结构，坚持专业素养、职业素养、政治素养、人格素养一体化发展，让广大教师做到教学与科研兼顾、教书与育人兼顾、信道与传道兼顾、立己德与树人德兼顾，引导广大教师以德立身、以德立学、以德施教，做党和人民满意的好老师。

中小学落实立德树人根本任务的路径探究

人才的培养，基础在教育。在新的发展进程中，教育要发挥无愧于时代的作用，关键在于源源不断地培养一代又一代德才兼备的时代新人，为中国特色社会主义现代化建设和伟大的中国梦的实现提供智力支撑和人才支持。在这样的时代背景下，培养具有社会主义觉悟、品德高尚、素养全面的时代新人，成为教育事业的当务之急。党中央站在统领全局的高度，向整个教育战线提出了立德树人这一根本任务，为教育事业的发展指明了努力的方向。广大中小学是整个教育事业的有机组成部分，是基础教育的主力军，要主动承担起这一历史使命，为青少年的健康成长打好坚实的基础，要做好培根铸魂工作，为中小学生扣好人生的第一粒扣子，把立德树人根本任务落到实处。中小学党组织在落实立德树人根本任务中，要肩负起组织和领导的重任，充分发挥基层党组织的战斗堡垒作用。

立德树人根本任务的内涵与缘起

从发展的视角看，立德树人是在对传统教育理念的创新性继承和发展基础之上，对新时代中国特色社会主义"立什么样的德，树什么样的人"的深刻回答。德因人而立，人因德而树。德与人的具体价值内涵随着时代的发展变化不断丰富。中国特色社会主义进入新时代，我们全面建成小康社会，现正昂首阔步走在全面建设社会主义现代化国家的新征程中，教育界要把培养社会主义建设者和接班人作为根本任务，培养一代又一代拥护中国共产党领导和我国社会主义制度，立志为中国特色社会主义奋斗终身的有用人才。

中华民族历来就有注重道德培养的优良传统。在中国的传统文化语境中，立德与树人理念有着极为悠久的历史渊源，反映出中国人对于育人理论的思考和求索，并在不同历史时期有着不同的现实表现。《左传》写道："太上有立德，其次有立功，其次有立言，虽久不废，此之谓不朽。"这是"立德"一词首度在中国传统典籍中出现。此后，"立德""立功""立言"成为封建时代莘莘学子不懈追求的人生境界，亦作为一种强大的精神力量激励着他们。《管子》有云："一年之计，莫如树谷；十年之计，莫如树木；终身之计，莫如树人。"这是"树人"一词首度在文化典籍中出现。中华文明作为人类农耕文明的杰出代表，很早就已经意识到人是农耕社会能够起决定性作用的能动者，因此《管子》的"树人"理念明确指出，社会延续与进步的决定性因素在于人的成长与提升。树人也因此成为文明社会追求发展与创新的核心要素和至高追求。

中国共产党在中国革命和社会主义现代化建设过程中，深刻地认识到人才对于国家发展的重要性，十分重视教育事业的发展，重视人才的培养。从党的教育方针中可以看出，党高度重视受教育者的全面发展，并把德育放在教育的首位。

1949年9月，中华人民共和国成立前夕，中国人民政治协商会议第一届全体会议通过的《中国人民政治协商会议共同纲领》明确规定："中华人民共和国的文化教育为新民主主义的，即民族的、科学的、大众的文化教育。人民政府的文化教育工作，应以提高人民文化水平，培养国家建设人才，肃清封建的、买办的、法西斯主义的思想，发展为人民服务的思想为主要任务。"着重强调文化教育的新民主主义属性和为国家培养建设人才的主要任务。

1957年2月，毛泽东在《关于正确处理人民内部矛盾的问题》中提出："我们的教育方针，应该使受教育者在德育、智育、体育几方面都得到发展，成为有社会主义觉悟的有文化的劳动者。"[①]这一重要论述，将马克思主义关于人的全面发展思想贯穿于社会主义教育培养目标，形成了全面发展的社会主义教育方针，对我国教育事业的发展发挥了持久的指导作用。

1958年9月，中共中央、国务院发出的《关于教育工作的指示》中明确提出，党的教育工作方针，是教育为无产阶级政治服务，教育与生产劳动相结合。教育的目的，是培养有社会主义觉悟的有文化的劳动者。这是中华人民共和国成立后，中央文件中关于教育的表述首次冠以"教育方针"字样。这一教育方针，为我国社会主义教育事业指明了前进的道路和发展的方向。这一方针于

---

① 《毛泽东文集》第7卷，人民出版社1999年版，第226页。

1978 年正式载入《中华人民共和国宪法》。

立德树人的根本任务与党的教育思想、育人理念一脉相承。2012 年，党的十八大报告提出，要全面贯彻党的教育方针，坚持教育为社会主义现代化建设服务、为人民服务，把立德树人作为教育的根本任务，培养德智体美全面发展的社会主义建设者和接班人。我们党对教育方针的内容进行了丰富，首次提出把立德树人作为教育的根本任务，开创了我国教育事业发展的新局面。

在 2018 年全国教育大会上，习近平总书记又进一步强调，要努力构建德智体美劳全面培养的教育体系，形成更高水平的人才培养体系，要把立德树人融入思想道德教育、文化知识教育、社会实践教育各环节。以习近平同志为核心的党中央高度重视培养社会主义建设者和接班人的工作，实现了立德与树人在新时代的高度有机融合，体现了我国进入新历史方位的现实需要，契合了培养担当民族复兴大任的时代新人的历史性任务。

立德树人根本任务的实践路径探究

党中央从全局的高度，对立德树人根本任务进行了顶层设计，为各级各类教育指明了前进的方向。这一根本任务如何在各类教育，尤其是中小学教育中得以落实呢？笔者认为，首先要积极探索落实立德树人根本任务的实践路径，坚持"三全育人"格局，遵循思想道德教育规律和中小学生的身心发展规律，尊重学生的主体性,坚持全面系统的综合评价,发挥教师的关键作用。

一是开展全员、全程、全方位育人,是落实立德树人根本任务的应有格局。中小学校要严格落实立德树人根本任务,努力推动全员、全程、全方位育人体系的建立与发展,进一步加强教学的实际效果。"三全育人"的中心在育,学校教育要从教向育转变,探索新的育人模式,形成新的育人生态,提高学校的育人能力和人才培养能力。习近平总书记指出:"人才培养一定是育人和育才相统一的过程,而育人是本。"[①] 人才不是工业生产线生产出来的产品,无法批量生产,没有统一的工艺和规格,教育必须聚焦实际、聚焦学生。教育教学要以学生的特点和成长规律为依循,因材施教,把握育人规律,精耕细作,探索适合每一位学生的教育,关注学生的实际获得感。

"三全育人"的重心在全。学校要兼顾全员育人、全程育人、全方位育人。全员育人意味着所有教师、所有课程都要承担育人的职责,所有教师都要成为育人者,使自己的一言一行、一举一动产生育人之效,真正做到育人无不尽责。全程育人意味着学校教育必须把立德树人根本任务贯穿到教育教学的全过程、学生成长发展的全过程,真正做到育人无时不有。全方位育人意味着立德树人不局限在课上、校内,还要覆盖到课下、校外,甚至网络上,

---

[①] 习近平:《在北京大学师生座谈会上的讲话》,人民出版社2018年版,第7页。

真正做到育人无处不在。

要想完善人才培养体制，推动"三全育人"格局的形成，应做到以下三点。首先，教育主体要由单转全。要充分挖掘全体教职岗位的育人要素，将育人职能贯穿工作始终，实现教与育、管与育、服与育相融合。其次，育人过程要由分转合。要注重育人工作的完整性和连贯性，注重育人工作的协同配合，融会贯通学生发展的各阶段，贯穿到学校各年级、各班级，覆盖到学生学习和生活的方方面面。最后，育人空间由点转体。育人工作要实现由点到线、聚面成体，实现面面俱到，协同推进知识讲授和思想政治教育，推进思想政治教育向各学科渗透；注重发挥网络作用，形成网上网下联动的格局，推动线上线下教育场的有机结合；充分发挥社会、家庭的育人作用，大力推进家、校、社会一体化育人模式，充分实现多方位合力育人。

二是遵循思想道德教育规律和中小学生的身心发展规律，是落实立德树人根本任务的基本依循。中小学教育要兼顾思想道德教育规律和中小学生个体的接受能力，要遵循中小学生的身心成长规律，努力实现二者的有机结合。学校要依据不同年龄段学生的个性与身心特点，设置相对应的德育工作目标和内容。首先，要引导学生形成健康正确的世界观、人生观和价值观，扣好人生的第一粒扣子。其次，要突出爱国主义教育，引导学生树立爱党、爱国、爱社会主义的意识，弘扬以爱国主义为核心的民族精神，培育践行社会主义核心价值观,利用多样化形式开展历史教育、国情教育,激发学生的民族自豪感和自信心。再次,要强化对学生的道德和法治教育,推动学生文明习惯的养成,加强遵纪守法教育和诚信教育等,培养学生良好的道德修养和法治意识。最后,要加强载体建设,推动形成课上课下德育良性互动的格局。德育要让学生在课上课下的教学活动和实践活动中身临其境地体验、感受和思考,要于无形中影响学生,引导学生逐渐形成正确的道德认知,达到知、情、行的协同发展。因此,要完善课上教学活动和课下实践活动的联动机制,推动课堂教育和社会实践活动的衔接。

三是尊重学生的主体性,是落实立德树人根本任务的必由路径。首先,必须充分调动学生的主观能动性,在教育内容的选择上尊重学生的自主性,在教育方法的选择上尊重学生的创造性,强化学生的主体性。教育应该是学生主动选择接受的过程,而不是被动接受,是教师把知识和观点移植、灌输给学生的过程。教师教育影响的实际效果取决于学生真正接受的程度,学生会依据已知的经验和知识对教师的教育影响做出自主反应和主动选择,即学生会通过主观认识和体验进行内化。其次,要充分发挥学生的主体性,需要重视并积极开展各类实践活动。实践活动是学生主体性发展的媒介,在实践活动中学生的主体性才能得以发展。学生的主体性是在无数次内化和外显的交替过程中逐渐形成和发展起来的，并不断完善。学生在活动中可以切身体验生活，得到锻炼，受到熏陶，接受思想道德教育，增强爱国主义精神，培养集体意识，磨砺坚强意志。

四是坚持全面系统的综合评价是落实立德树人根本任务的必要举措。落实立德树人根本任务，要求建立一种科学的中小学教育质量评价制度，即在体现素质教育要求的同时，还要注意以学生发展为核心，切实扭转传统视域下仅以学业考试成绩和升学率作为办学质量评价指数的倾向。以升学率作为评判学校办学水平唯一标准的现象必须予以纠正，学校评价机制应由学校、教育行政部门、学生、家长和社区共同参与，评价内容应覆盖办学指导思想、德育工作、课程管理、学生活动等方面，推动形成全面系统的综合评价体系。

首先，要建立综合评价指标体系。评判学校教育质量的指标应包含学生的品德发展水平、学业发展水平、身心发展水平等方面，同时德育评价也应该有机融合于智育、体育、美育的评价之中，着力打造科学合理的综合评价指标体系。其次，要完善评价标准。参照国家中小学课程方案、课程标准、学生体质健康标准和办学行为的要求，开展质量评价，同时跟踪监测，收集数据，积极开展研究探索，不断健全完善评价标准。再次，要改进评价方式。通过直接考查学生群体的发展情况来评判学校的教育质量，将定量评价与定性评价相结合、形成性评价与终结性评价相结合、内部评价与外部评价相结合，直接考查学生群体的发展情况，注重考查学生进步的程度和学校的努力程度，全面收集信息，充分发挥各方面的作用。最后，要科学运用评价结果。发挥好以评促建的作用，将评价结果作为提升学校教育工作的依据，用来改进教育教学方法，完善教育措施，提升学校教育质量。

五是发挥好教师的主导作用，是落实立德树人根本任务的关键环节。健全师德师风建设长效机制，拓宽教师文化视野，提高教师综合素养，加强教师教育体系建设，使人民教师真正成为马克思主义的坚定信仰者、先进思想文化的传播者以及中小学学生健康成长的指导者和引路人。首先，要加强对广大教师的职业道德教育，引导教师树立正确的教育观、价值观，珍惜教师的光荣，爱惜这份职业，严格要求自己，不断完善自己，执着于教书育人，有热爱教育的定力、淡泊名利的坚守，用爱心培育爱、激发爱、传播爱。其次，要切实抓好校长队伍建设，努力建设一支能将"育人为本、德育为先"视为办学方针的校长队伍，推动德育工作落地见成效。再次，要加强班主任队伍建设，培养学校的核心发展力，选用思想素质好、责任意识强、专业能力突出的优秀教师担任班主任，同时利用多种渠道加强对班主任的培训，不断提高班主任队伍的职业素养和思想道德素养。最后，要重视青年教师的发展，关注教师培训工作，尤其要关注师德素养的培养和加强。

做新时代党和人民满意的好老师

新时代党和人民满意的好老师

筑师者之念

- 坚定共产主义远大理想
- 坚定马克思主义信仰
- 坚定中国特色社会主义信念

修师者之德

课堂上要不忘立德树人的教学理念，为学生树立榜样

在课下要竭尽所能地帮助学生解决生活上或学习上的困难

在平时教学和管理工作的点滴细节中要时刻告诫自己要保持良好的师德师风

铸师者之能

- 锻炼过硬的教育教学本领
- 秉承初心，坚持学习修党性

怀师者之爱

- 要有仁爱之心
- 要秉持爱与尊重

中国共产党成立100多年来，紧紧依靠人民，跨过一道又一道沟坎，取得一个又一个胜利，创造了人类发展史上惊天动地的奇迹。伟大成就背后是中国共产党人对初心和使命的执着坚守，它激励着一代代中国共产党人前赴后继、英勇奋斗。

习近平总书记深刻指出，建设教育强国是中华民族伟大复兴的基础工程，必须把教育事业放在优先位置，加快教育现代化，办好人民满意的教育。百年大计，教育为本；教育大计，教师为本。办好人民满意的教育始于立德树人的初心，成于牢记使命的恒心。初心就是情怀，使命就是担当。初心和使命是一个人、一个民族、一个政党不断前进的根本动力。

筑师者之念

习近平总书记深刻指出，一个优秀的老师，应该是"经师"和"人师"的统一，既要精于"授业""解惑"，更要以"传道"为责任和使命。理想信念，是好老师的人格基石。当前，我们实现了第一个百年奋斗目标，在中华大地上全面建成了小康社会，历史性地解决了绝对贫困问题，正在意气风发向着全面建成社会主义现代化强国的第二个百年奋斗目标迈进。在新征程上，我们要严以修身，做到坚定共产主义远大理想、坚定马克思主义信仰、坚定中国特色社会主义信念。

坚定共产主义远大理想。"志不立，天下无可成之事。"对于近代中国的仁人志士来说，立志特别是立起科学远大之志，绝非易事。鸦片战争以后，中国一批批具有忧患意识的知识分子纷纷从各种各样的主义中探求救国自强的良方，然而都失败了。中国共产党一经成立，就把实现共产主义作为党的最高理想和最终目标。正是在这一理想信念的激励和引领下，我们党才具有了高度的政治自觉、思想自觉和行动自觉，团结带领中国人民谱写中华民族发展史上的壮丽篇章。

坚定马克思主义信仰。习近平总书记指出："坚定的理想信念，必须建立在对马克思主义的深刻理解之上，建立在对历史规律的深刻把握之上。"[①] 共产主义、社会主义的理论基础是马克思主义，中国共产党信仰的定力也来源于马克思主义。

守初心、担使命与理论创新、理论武装是有机统一的。党的初心使命为理论创新和理论武装指引正确方向。马克思主义的中国化是在我们党为实现党的历史使命和奋斗目标而斗争的过程中推进的，是在改造客观世界和主观世界的实践中形成的。

坚定中国特色社会主义信念。习近平总书记指出，中国特色社会主义道路来之不易，"它是在改革开放30多年的伟大实践中走出来的，是在中华人民共和国成立60多年的持续探索中走出

[①]《习近平关于社会主义文化建设论述摘编》，中央文献出版社2017年版，第96页。

来的,是在对近代以来 170 多年中华民族发展历程的深刻总结中走出来的"①。中国共产党带领人民进行了艰苦卓绝的努力,为当代中国一切发展进步奠定了根本政治前提和制度基础,开启了改革开放新的伟大革命,破除了阻碍国家和民族发展的一切思想和体制障碍,开辟了中国特色社会主义道路,使中国大踏步赶上了时代潮流。

坚定"四个自信"的历史和现实一再表明,只有社会主义才能救中国,只有中国特色社会主义才能发展中国,它是发展进步的旗帜,是中国共产党和中国人民团结的旗帜、奋进的旗帜、胜利的旗帜,也是实现中华民族伟大复兴的必由之路。在新的长征路上,我们要准确把握中国特色社会主义自信的核心要义、深刻内涵和现实基础,始终高举伟大旗帜、坚定"四个自信",不断夺取中国特色社会主义新胜利。

修师者之德

习近平总书记深刻指出:"一个老师如果在是非、曲直、善恶、义利、得失等方面老出问题,怎么能担起立德树人的责任?广大

---

① 《习近平谈治国理政》第 1 卷,外文出版社 2018 年版,第 39 页。

教师必须率先垂范、以身作则,引导和帮助学生把握好人生方向,特别是引导和帮助青少年学生扣好人生的第一颗扣子。"① 一个好老师,拥有高尚的师德师风,才是对学生最生动、最具体、最深远的教育。课堂上要不忘立德树人的教学理念,为学生树立榜样;在课下要竭尽所能地帮助学生解决生活上或学习上的困难;在平时教学和管理工作的点滴细节中要时刻告诫自己要保持良好的师德师风。

牢记初心使命,不忘政治本色。习近平总书记在党的十九大报告中提出,中国共产党人的初心和使命,就是为中国人民谋幸福,为中华民族谋复兴。这个初心和使命是激励中国共产党人不断前进、永葆政治本色的根本动力。1949年新中国成立时,中国共产党党员人数有400多万,牺牲的党员烈士也是近400万;新中国成立前,中共中央委员与候补委员共170多人,42人牺牲,约占1/4;中央政治局委员与候补委员共55人,15人牺牲,约占1/4。"两个400万""两个1/4"足以说明中国共产党所经历的超乎想象的苦难与艰苦卓绝的奋斗。中国共产党之所以能够在苦难中不断走向辉煌,就是因为其勇于自我革命,永葆党的先进性和纯洁性,始终不忘政治本色。习近平总书记在党史学习教育动员大会

---

① 习近平:《做党和人民满意的好老师:同北京师范大学师生代表座谈时的讲话》,人民出版社2014年版,第6页。

上指出，我们党的百年历史，就是一部践行党的初心使命的历史，就是一部党与人民心连心、同呼吸、共命运的历史。只有始终"不忘初心、牢记使命"，方能更加奋发有为地团结带领全国各族人民实现"两个一百年"奋斗目标和中华民族伟大复兴的中国梦。不忘初心，方得始终。

推进自我革命，强化自我监督。在新的征程上，我们要把党建设成为始终走在时代前列、人民衷心拥护、勇于自我革命、经得起各种风浪考验、朝气蓬勃的马克思主义执政党。古人说："生于忧患，死于安乐。"我们党作为世界第一大党，没有什么外力能够打倒我们，能够打倒我们的只有我们自己。我们要以"君子检身，常若有过"的态度来检视发现自身不足，做到知耻而后勇。每一名教师在修身做人上要有更高的标准和要求，有更高的觉悟和境界，加强自身修养，锻造过硬的思想品格，要坚守住人类灵魂工程师的职业操守，自觉恪守"学为人师、行为世范"的为师之道。

铸师者之能

习近平总书记曾深刻指出，教师做的是传播知识、传播思想、传播真理的工作，是塑造灵魂、塑造生命、塑造人的工作。教师不能只做传授书本知识的教书匠，而要成为塑造学生品格、品行、品位的"大先生"。过去讲，要给学生一碗水，教师要有一桶水，现在看，这个要求已经不够了，应该是要有一潭水。

教师之所以为师，不仅要在知识上有深度、宽度、广度，在教育教学上有方法，而且要有丰富的党的理论知识和富有高度的党性修养，还要有立德树人的知识储备和培养能力。在当今信息时代，科技飞速发展，社会日新月异，时代对教师的要求越来越高，教师必须日新其德、日勤其业，才能学为人师，身为世范。教学相长，要变"一桶水"为"长流水"，教师必须在慷慨"给予"的同时努力"汲取"，变"教"为"学"，变阶段性"充电"为全程学习、终身学习。

锻炼过硬的教育教学本领。马卡连柯说过："学生可原谅老师的严厉、刻板甚至吹毛求疵，但不能原谅他的不学无术。"苏霍姆林斯基也指出："只有教师的知识面比学校教学大纲宽广得多，他才能成为教学过程的精工巧匠。"对教师来说，不仅要熟悉所教教材的基本内容，形成完整的知识体系，而且要加强业务进修和广泛的学习，跟踪学科学术动态，了解新观点，掌握新信息，不断更新知识，站在学科的前沿，由经验型向科研型转化。

随着教材的改革，相邻学科的联系日益加强，文理相互渗透，教师应注重形成"大教学观"，为学生创设开放的教学情境。教师必须掌握教育学、心理学和学科教学法，将新的研究成果融入课程教学中，做一个有现代教育思想的教师。

秉承初心，坚持学习修党性。教师是人类文明的传递者，学生人生道路的引路人。一个抱有理想信念的教师，才有可能在孩子、青年的心中播下梦想的种子。梦想要以梦想去点燃，理想要用理想去唤醒。在价值取向多元化的时代，我们要自觉肩负起国家使命和社会责任，做中国特色社会主义共同理想和中华民族伟大复兴中国梦的积极传播者，帮助学生筑梦、追梦、圆梦，用自己的学识、阅历、经验点燃学生对真善美的向往。

怀师者之爱

习近平总书记指出，爱是教育的灵魂，没有爱就没有教育。教育是一门"仁而爱人"的事业，爱是教育的灵魂，教育的原点就是爱，教师肩负着立德树人的任务，有爱才有责任，爱教育、爱学生是每一个教师应尽的义务。

选择当老师就是选择了责任。师生只有建立民主平等的关系，学生才会有安全感，才能充满信心，思维才有可能被激活，才可能敢于提出问题，敢于质疑，才能为学生的积极主动参与创设一个轻松愉悦、民主和谐的环境，使学生亲其师、学其道。

做好老师，要有仁爱之心。习近平总书记在同北京师范大学师生代表座谈时指出，好老师应该是仁师，没有爱心的人不可能成为好老师。好老师的眼神应该是慈爱、友善、温情的，透着智慧、透着真情；好老师对学生的教育和引导应该是充满爱心和信任的；好老师应该把自己的温暖和情感倾注到每一个学生身上。教师的初心源于爱，因为爱教育、爱学生，我们很多老师才有了用一辈子备一堂课、用一辈子在三尺讲台上默默奉献的力量，才有了在学生遇到危难时挺身而出的勇气，才有了敢于攻克新知新学的锐气。

爱是教育永恒的主题，教育是塑造人心灵和灵魂的伟大事业。爱学生是教师厚重的职业底色。教育是一门"仁而爱人"的事业。教师的仁爱之心，是一种对国家、民族的爱，是一种无私的爱、不求回报的爱，是师生的相互信赖，是尊重、理解和关怀。

做好老师，要秉持爱与尊重。习近平总书记深刻指出："一个人遇到好老师是人生的幸运，一个学校拥有好老师是学校的光荣，一个民族源源不断涌现出一批又一批好老师则是民族的希望。"[1]

人大附中朝阳学校始终把爱与尊重的教育理念作为教育思想的基础，以爱与尊重为魂，以育人为本。"爱是教育的最高境界，爱是自然流溢的奉献。""尊重是教育的真谛，尊重是创造的源泉。"

理想信念是师德之魂，道德情操是师德之根，扎实学识是师德之基，仁爱之心是师德之源。希望老师们做到筑师者之念，修师者之德，怀师者之爱，做有理想信念、有道德情操、有扎实学识、

---

[1] 习近平：《做党和人民满意的好老师：同北京师范大学师生代表座谈时的讲话》，人民出版社 2014 年版，第 4 页。

有仁爱之心的四有好老师。"三寸粉笔,三尺讲台系国运;一颗丹心,一生秉烛铸民魂。"

今天的学生就是未来实现中华民族伟大复兴中国梦的主力军,广大教师就是打造这支中华民族"梦之队"的筑梦人。我们要牢记为党育人、为国育才使命,办好人民满意的教育!

我国中小学思想政治教育工作存在的问题及未来发展路径选择

长期以来，我们党一直用"生命线"来概括和表述思想政治工作在革命和建设中的重要地位和作用。1981年6月，党的十一届六中全会通过的《中国共产党中央委员会关于建国以来党的若干历史问题的决议》提出："思想政治工作是经济工作和其他一切工作的生命线。"1999年9月中共中央发出的《关于加强和改进思想政治工作的若干意见》再次强调："思想政治工作，是经济工作和其他一切工作的生命线。"这是我们党对在长期革命和建设实践中思想政治工作经验的高度概括和科学总结，它深刻和形象地说明了思想政治工作的重要地位和作用，充分体现了马克思主义关于政治和经济关系的基本原理，是加强党的思想政治工作的重要指导方针和理论原则。2016年12月，习近平总书记在全国高校思想政治工作会议上提出，要坚持把立德树人作为高等教育的中心环节，把思想政治工作贯穿于教育教学事业的全过程。习近平总书记的重要讲话精神对我国高校的思想政治教育工作提出新的期望，也从一个侧面反映出高校思想政治教育工作在过去的探索中取得了辉煌成就。与高校相比，作为我国教育体系的重要环节，中小学在社会主义人才培养事业上作出了巨大的贡献，但是在思想政治教育工作层面，与高校日新月异、蓬勃发展的势头相比存在明显差距，在理论探索和现实实践上均具有较大的提升空间。中小学的思想政治工作是我国思想政治教育工作的重要组成部分。为有效推动思想政治教育工作的整体性发展，更好地完成中国教育事业的历史使命,在当前形势下加强中小学的思想政治教育工作,有其必要性与合理性。

中小学思想政治教育工作的形成和历史使命

思想政治教育是指一定的阶级、政党、社会群体用一定的思想观念、政治观点、道德规范,对其成员施加有目的、有计划、有组织的影响,使其形成符合一定社会、一定阶级所需要的思想品德的社会实践活动。① 作为人类社会实践的重要方面,思想政治教育的产生和发展贯穿于阶级社会的始终。可以说,从阶级社会诞生之日起,思想政治教育就因阶级统治的需要应时而生,其方法和形式日益表现出多元化特征。马克思主义诞生后,思想政治教育得到了前所未有的发展契机,逐渐由实践活动上升为系统的学科体系,其内涵也发生了根本性转变。

马克思曾经初步提出思想政治工作的原始理论,此后经列宁的发掘与梳理,形成了一套博大的理论体系。列宁推动了灌输理论的系统化和完善化,丰富并完善了马克思主义理论的新型载体,为思想政治教育理论体系的构建奠定了坚实的基础。② 也就是说,经过马克思主义经典作家的改造与重整,无产阶级思想

---

① 张耀灿等:《现代思想政治教育学》,人民出版社2001年版,第6页
② 柳丽:《列宁早期对思想政治教育的贡献》,《思想政治教育研究》2011年第3期。

政治教育思想最终形成，并帮助和指导全世界的无产阶级产生了阶级意识，成为新世界的缔造者和开拓者。马克思主义思想政治教育与此前阶级社会的思想政治教育有着本质不同，前者成为无产阶级消灭阶级和阶级统治的强大武器，后者是统治阶级用于巩固统治的工具。1951年，刘少奇同志指出："用什么东西教育人民呢？就是用马列主义的思想原则。用马列主义的思想原则在全国范围内和全体规模上教育人民，是我们党的一项最基本的政治任务。"[①] 这一论断指明了思想政治教育的重要性，开启了新中国深入探索思想政治教育工作的先河，确立了应该遵循的基本原则。

此后，经过长期求索，思想政治教育逐渐取代了原有"政治工作""思想工作"等称谓，成为具有深刻内涵的概念。在我国现阶段，思想政治教育工作已经成为党的工作的一部分，是党以马克思主义思想体系、共产主义信仰教育人民，提高人们的思想道德素质，动员人们为建设社会主义、实现共产主义而奋斗的实践活动。[②] 从这个定义出发，我国的教育系统尤其是中小学成为实施思想政治教育的重要阵地。

1949年《中国人民政治协商会议共同纲领》指明，新中国的

[①]《刘少奇选集》下卷，人民出版社1985年版，第82页。
[②] 邱伟光、张耀灿主编：《思想政治教育学原理》，高等教育出版社1999年版，第4页。

文化教育"应以提高人民文化水平、培养国家建设人才、肃清封建的、买办的、法西斯主义的思想、发展为人民服务的思想为主要任务","应有计划有步骤地改革旧的教育制度、教育内容和教学法"①。为国家培养建设人才,成为新中国教育系统思想政治教育工作的远景目标,并持续至今。

1949年召开的第一次全国教育工作会议指出,新中国的教育应以工农为主体,大量地培养工农出身的新型知识分子,作为我们国家建设的坚强骨干。②这进一步明确了教育方针,对教育成果的描述作了详尽的阐述。1951年,第一次全国中等及初等教育会议陆续召开,会议确立"小学实施智育、德育、体育、美育等全面发展的教育"的精神,中学教育则"要使青年一代在德育、智育、体育、美育等方面获得全面发展,成为新民主主义社会自觉的积极的成员"。③这两次会议确立了新中国中小学思想政治教育理论的基本框架,体现了当时中央对于青少年全面化、多元化发展的要求和期望。

1953年,毛泽东同志向广大青年发出"身体好,学习好,工作

---

① 《建国以来重要文献选编》第1册,中央文献出版社1992年版,第11页。
② 中央教育科学研究所编:《中华人民共和国教育大事记(1949—1982)》,教育科学出版社1984年版,第7—8页。
③ 中央教育科学研究所编:《中华人民共和国教育大事记(1949—1982)》,教育科学出版社1984年版,第38页。

好"的号召[1]，这一号召后来逐渐演化成为"三好"理念，被纳入教育方针。1955年发布的《小学生守则》和《中学生守则》均在开篇部分即强调了以上三个期望。

1963年，随着学习雷锋活动的发起，"学雷锋、争三好"成为时代的主流文化，《中教五十条》《小教四十条》均以较大篇幅提及思想品德教育的要求和施教理念。前述两个规范性文件，对于基础教育事业的主旨诉求、发展方向均有着清晰深刻的认知，培养共产主义道德品质成为施教的首要任务，且与专业水平和身体素质，共同构成衡量教育效果的重要标尺。可以说，以"三好学生"理念的形成为标志，新中国中小学思想政治教育工作的理论探索取得了阶段性胜利。

改革开放后，我国对中小学思想政治教育工作的探索进入反思和重新出发的阶段。1978年，邓小平同志深刻指出："学校应该永远把坚定正确的政治方向放在第一位"，而且"政治觉悟越是高，为革命学习科学文化就应该越加自觉，越加刻苦"[2]。他指出了政治方向与文化学习之间的辩证关系。事实上，二者并非一对不可调和的矛盾，只要御之有方，就有可能实现良性促进。1985年全国共青团思想政治工作会议明确提出要在现代化建设的伟

---

[1]《建国以来重要文献选编》第4册，中央文献出版社1993年版，第273页。
[2]《邓小平文选》第2卷，人民出版社1994年版，第104页。

大实践中培养和造就一代有理想、有道德、有文化、有纪律的共产主义新人。从此以后，做"四有新人"成为当时社会各界的主流口号。

总的来说，新中国成立以来，我国教育事业一直以培养社会主义事业接班人为主体目标，以青少年的全面健康发展为基本要求。"德"是青少年必备的素养之一。培养意志坚定、能力过人的社会主义事业接班人，成为我国基础教育领域思想政治教育工作的历史使命。

当前我国中小学思想政治教育工作存在的问题

第一，政策层面重高校而轻中小学趋势的形成。1989年的政治风波使得改革开放以来我国思想政治教育工作的探索迎来反思契机。邓小平深刻指出："十年来我们的最大失误是在教育方面，对青年的政治思想教育抓得不够。"[1] 他进而指出："这次事件的性质，就是资产阶级自由化和四个坚持的对立。四个坚持、思想政治工作、反对资产阶级自由化、反对精神污染，我们不是没有讲，而是缺乏一贯性，没有行动，甚至讲得都很少。"[2] 此后高校思想政治教育工作开始了大幅度的改革调整，表现出从表层向深层、从

---

[1]《邓小平文选》第3卷，人民出版社1993年版，第287页。
[2]《邓小平文选》第3卷，人民出版社1993年版，第305页。

重形式向重实效转变的发展趋势。

从 20 世纪 90 年开始,高校党建工作会议陆续召开,进一步强化高校的思想政治教育工作,深入推进思想政治理论教育课程改革,坚定大学生的政治信念。进入 21 世纪后,高校思想政治教育坚持以人为本,更加注重理念、内容与方法的创新。2016 年 12 月,习近平总书记在全国高校思想政治工作会议上强调:"高校思想政治工作关系高校培养什么样的人、如何培养人以及为谁培养人这个根本问题。要坚持把立德树人作为中心环节,把思想政治工作贯穿教育教学全过程,实现全程育人、全方位育人,努力开创我国高等教育事业发展新局面。"[1] 习近平总书记的重要讲话指出了高校思想政治工作的核心主旨和实践办法,标志着我国高校思想政治教育工作进入新的历史阶段。

与此相比,中小学思想政治教育工作的发展出现进退两难的态势。1993 年《中国教育改革发展纲要》指出,建设中国特色社会主义教育体系的主要原则之一为"坚持党对教育工作的领导,坚持教育的社会主义方向,培养德智体全面发展的建设者和接班人",强调基础教育是提高民族素质的奠基工程,中小学由应试教育向素质教育转变。尽管《中国教育改革发展纲要》强调基础教

---

[1] 《把思想政治工作贯穿教育教学全过程 开创我国高等教育事业发展新局面》,《人民日报》2016 年 12 月 9 日。

育以培养建设者和接班人为根本任务，但是它在中国基础教育领域引发更大的关注的原因是提出了素质教育理念，素质教育此后逐渐成为基础教育领域的主要关注点。与高校相比，中小学在升学率的重压下，思想政治教育工作退居次要地位，进退两难，处于尴尬境地。

2001年发布的《关于基础教育改革与发展的决定》及此后召开的全国基础教育工作会议均强调我国的基础教育"必须为社会主义现代化建设服务，为人民服务，必须与生产劳动和社会实践相结合，培养德智体美等全面发展的社会主义事业建设者和接班人"。不过在升学压力面前，中小学教育改革的实践重心主要停留在从以升学率为生命线向提升学生的全面素质转变上，思想政治教育工作在实践中仍与预期存在一定的差距。可以说，在当前形势下，与高校相比，中小学思想政治教育更应采取新举措、打开新局面、取得新成效、实现新跨越，这是立德树人的必然趋势，也是强本固基的根本需求。

第二，中小学思想政治教育工作形势在信息多元化的时代更加严峻。中小学思想政治教育工作之所以未达预期，存在多方面原因。盲目追逐升学率以及外部环境的复杂化是推动基础中小学思想政治教育形势日益严峻的重要动因。

毋庸置疑，改革开放以来，中国的基础教育事业取得了令人瞩目的成就。不过，随着国民素质的显著提升，基础教育领域的使命逐渐由在全国范围内扫除文盲向精英人才的培养教育转变，并因此衍生出以升学率来衡量教育教学效果的量化指标，进而使中小学表现出明显的重学业轻德育的趋势。这种趋势的形成，也意味着原有教育方针对接班人素质均衡性、全面性预期的落空。早在20世纪80年代初，教育部即明令禁止各地以升学率作为评定学校工作的唯一标准。不过升学率至上的风气非但没有就此消散，反而随着社会经济的发展表现出愈演愈烈之势。教育机构对升学率的盲目追逐，表现为教育资源向智育教育的显著倾斜和对德育、体育教育的疏忽与轻视。这就使得基础教育领域的思想政治教育工作逐渐流于形式。近年来，社会各界对于中小学重升学率的势头有所批判，不过这种批判并不足以扭转基础教育领域延续多年的惯例，对于德育与智育重视程度的差异并未缩小，反而表现出越发扩大的态势。

随着网络化时代的到来，信息传递的效率和广度得到空前的提升，这为信息传播带来便利的同时，也导致虚假、负面信息的传播成本更低，容易对中小学学生的思想认识产生不利影响，进而对思想政治教育工作产生副作用。网络信息传播监管难度较大、网民低龄化等多种因素，使青少年获取的信息更为丰富庞杂，青少年的主体性在网络时代得到极大凸显，其受到不良以及错误信息影响的概率大幅度提升，无疑加大了思想政治教育工作的实施难度。

诚然，目前中小学思想政治教育工作形势不容乐观，所幸此种情况已经得到重视。教育部发布的 2017 年工作要点之一就是发布《中小学德育工作指南》，推动各地中小学完善德育工作体系。更为重要的是，政策制定部门应以此为契机，整体布局、全面部署，在更深的层面、更大的范围内深入贯彻落实基础教育领域的思想政治教育工作，开创我国教育界思想政治教育工作的新局面。

加强中小学思想政治教育工作的必要性与紧迫性

第一，青少年时期是人生观、价值观和世界观形成的重要阶段，须用正确的方法予以合理引导。2004 年，中共中央、国务院印发《关于进一步加强和改进未成年人思想道德建设的若干意见》（以下简称《意见》），明确指出加强和改进未成年人的思想道德建设是一项重大而紧迫的战略任务，并就相关问题作出具体明确的指导。这表明党中央已经意识到加强未成年人思想政治教育工作的紧迫性和必要性。

未成年人一般指 18 周岁以下的公民。我国这一年龄阶段的绝大多数人群是基础教育的施教对象。从个体成长的角度来说，这个阶段正好是个体人生观、价值观和世界观初步形成的重要阶段，是否接受正确、科学的思想政治教育对于人生观、价值观和世界观的最终形成将产生重要影响。从国家思想道德建设整体布局的角度来说，中小学教师是《意见》贯彻实施的重要主体之一，加强思想政治教育工作也是这一整体布局的重要组成部分。因此，在当前形势下，加强中小学思想政治教育工作对于学生自身和社会主义教育事业的发展都有着重要意义。

加强中小学思想政治工作是学生个体健康成长和发展的需要。从生理学的角度来说，青少年时期是人的一生中最为特殊的一个阶段：已经具备了一定的知识储备和初步的思辨能力，但尚不能对特征不明显的是非做出准确判断，在心性上易于冲动、偏激，如果疏于引导，就有可能形成扭曲的人生观、世界观、价值观，影响其一生。从基本的教育理念来说，无论是素质教育还是核心素养培养体系，它们都致力于学生个体的全面均衡发展，而思想政治教育工作的广博内涵中最基本的诉求是让受教育者首先成为身心健康的个体。因此，即使不考虑其他因素，中国教育理念的践行者，都有责任、有义务推进思想政治教育工作，让受教育对象成为身心健康，拥有正确人生观、世界观、价值观的自然人。

加强中小学思想政治教育工作是发展中国特色社会主义伟大事业的需要。从新中国不同历史阶段的教育理念来看，通过教育手段来培养社会主义事业的建设者和接班人，这一宏大追求从未有过改变。中国特色社会主义进入新时代，社会经济得到极大发展，中小学除了要为国家和社会提供身心健康的公民个体之外，还要致力于为我们的伟大事业培养合格的建设者和接班人，这就在普通公民的标准之外提出了更高的要求。为实现这一要求，我们必须从战略高度和全局视野出发，高度重视、狠抓落实，全面加强中小学的思想政治教育工作，使受教育者在青少年时期形成正确的三观，爱党爱国、热爱人民、自强不息、珍惜国家荣誉，为中国特色社会主义伟大事业提供强大助力。

第二，中小学思想政治教育工作关乎我国思想政治教育工作的整体布局。我国教育事业的主旨是为社会主义事业培养合格的建设者和接班人，这就意味着中小学只是教育体系中的一个环节，而非整体教育事业的终点。习近平总书记指出，要坚持把立德树人作为中心环节，把思想政治工作贯穿教育教学全过程，实现全程育人、全方位育人，努力开创我国高等教育事业发展新局面。他强调了思想政治教育工作在教育教学过程中持续性、长期性的特点，对立德树人的定位，更是强调德在个体成长中的重要指导地位。新中国不同时期的教育理念强调受教育者德、智、体的全面发展，均把德育置于智育和体育之前，可见德育为育人之第一要务，这样的期望也与中国自古以来的教育理念一脉相承。

具体来说，思想政治教育工作是一个浩大的育人工程，有着详尽的顶层设计和周密的整体布局，中小学是这个工程中不可或缺的组成部分。在实践层面，思想政治教育体系的总体建构需要从国家意志、社会要求、个人需求三个方面予以综合考虑。无论从哪一个方面来考虑，帮助青少年顺利圆满地走过青春期，成长为身心健康的国家公民，都是中小学义不容辞的职责。这一环节处理得稍有不当，就会影响到思想政治教育工作整体体系的建构。

如前所述，以 1990 年前后为时间节点，我国高校与中小学的思想政治教育工作虽然都受到高度重视，但是出现了两个明显不同的趋势：高校的思想政治教育工作进入了高速发展阶段，在课程改革、制度保障、队伍建设上都表现出日新月异的变化；中小学的思想政治教育工作则在与升学率的斗争中渐居下风，在以素质教育、核心素质为脉络搭建的教育格局中，意识形态的色彩被逐渐淡化，培养定位转向突出国家公民品性教育。这两种趋势在客观上造成了中小学与高校思想政治教育工作的割裂，使二者无法有效衔接，严重影响了思想政治教育工作的整体布局。

尤为严重的一个隐患是，如果中小学的思想政治教育工作未得到应有重视，将直接影响到思想政治教育的整体效果。简而言之，如果不能抓紧在小学、中学、大学共同形成延承有序、无缝链接的思想政治教育体系，那么思想政治教育工作的整体布局很可能因根基不牢而失去立足之本。

因此，在现阶段对中小学的思想政治教育工作给予充分重视，在制度保障、队伍建设等多方面加大力度，是思想政治教育工作整体布局的迫切需求，有其理论意义和现实必要性。

加强中小学思想政治教育工作的对策与举措

第一,在理论层面,要转变教育理念、转换教育范式。要改变当前中小学思想政治教育工作的困局,当务之急是在理论层面转变教育理念,摒弃旧有的教育理念,建构一套全新的思想政治教育工作范式。以改革开放为节点,我国开启了新的发展周期,经济建设成为社会主义现代化建设事业的中心任务,这种大变革思想在社会的各个方面均有不同形式的体现,反映在中小学教育上就是思想政治教育工作重心的转换以及视角、范式的变革。前文已述,新中国成立以来,中小学的思想政治教育工作已经经历过70多年的探索,积累了大量可资借鉴的历史经验。回顾过去70多年的历史,我们可以看到,为社会主义事业培养接班人这一思想政治教育工作的根本主旨从未改变,只是随着社会经济的发展进阶,教育实施的方式、方法、范式都随着对思想政治教育工作具体表述的转换而不断调整。具体来说,新中国的思想政治教育模式完成了从对象性改造向主体性教育的转变过程。[1]换言之,就是早期通过行政主导来推进的、传统被动的思想政治教育形式,逐步向利用启发、开导等手段使受教育者来自觉实现教育的模式转变。

---

[1] 祖嘉合:《试论新中国成立以来思想政治教育模式的转变》,《马克思主义理论学科研究》2015年第1期。

这种教育模式的转变源自两种动力。一方面，改革开放以来，随着市场经济的迅速发展，学生个体主体性意识不断强化，传统的思想政治教育模式难以持续；另一方面，从国家、社会的角度来看，对思想政治教育工作的诉求也在悄然发生变化——改革开放的到来，意味着"以阶级斗争为纲"时代的结束，在培养接班人这一基本教育宗旨未发生改变的情况下，对接班人的衡量标准由政治评判转换为新的评价标准：除了要具备基本的马克思主义政治素养、道德品质，还要具备优秀自然个体的相应特质。

诚然，这种转换无可厚非，问题在于当前中小学思想政治教育工作的实践没有与前述的理论进阶保持一致：现实的实践方式滞后于理论的发展，这种滞后性与升学率的现实压力共同构成阻碍思想政治教育实践前行的强大阻力。也就是说，从理论层面而言，这种主体性的转变是中小学思想政治教育工作的大势所趋，然而现实层面的转变由于过于重视升学率等原因，未能真正地付诸实践。

因此，在当前形势下，加强中小学思想政治教育工作，一方面，要根据社会发展进一步进行理论层面的探索；另一方面，也是至为重要的一点，要在工作实践中真正实现理论思考成果的落地实施和深入贯彻。在具体的工作中，无论施教者抑或受教育者，都应完成思维制式上的转变，从全新的视角，以全新的理解来构建新时代的思想政治教育工作体系。

第二,加强党的领导,推动制度建设和理念革新。中国特色社会主义进入新时代,中小学思想政治教育工作除了要推动理论探索,还须从具体问题着手,在实践中切实增强工作成效。

首先,要坚持党的领导,强化阵地建设、制度建设和队伍建设。如前所述,新中国成立以来,中小学思想政治教育工作一直在马克思主义理论的指导下不断发展、前行。经过不断完善和丰富,思想政治教育工作的基本指导思想和理念与时俱进、日益成熟。从历史经验来看,坚持并加强党的领导是我国中小学思想政治教育工作取得巨大成就的基本前提。因此,在以后的工作中仍须继续坚持这一基本原则,即在马克思主义理论框架内进行思想政治教育工作的理论探索和现实实践。具体来说,在中小学思想政治教育工作的实践中,要有明确的阵地意识,在工作中要注意主动出击,在新形势的舆论斗争中与各种思潮争夺舆论阵地,牢牢把控意识形态阵地,把中小学建设成为弘扬共产主义信念和爱国主义精神的坚强阵地,从而完成小学、中学、大学三位一体的思想政治教育工作的整体布局。在中小学阶段,不仅要强化思想政治教育专业人员的队伍建设,还要在各个学科专业内、各个工作岗位上进行必要和充分的思想政治教育工作培训,从而在更大的范围内营造思想政治教育的良好氛围。要善于利用舆论阵地,对社会广泛关注的新闻事件进行合理解读和科学疏导,寓教于乐、寓教于学、寓教于生活学习的各个方面。

其次，坚持以人为本的根本原则。中国特色社会主义进入新时代，中小学思想政治教育工作的模式比之传统教育模式有了极大的变化，坚持以人为本的理念是贯彻实施思想政治教育工作的另一个重要原则。中小学教育的对象以18周岁以下的青少年为主，他们的人生观、世界观、价值观尚未完全成形，这更加要求我们在工作中必须秉承以人为本的原则。2014年9月，习近平总书记在与北京师范大学师生代表座谈时，曾经勉励广大教育工作者努力成为有理想信念、有道德情操、有扎实学识、有仁爱之心的"四有老师"。习近平总书记希望老师能够用爱和真情、真心来拉近师生之间的距离，在师生之间建立深厚的友谊，使每个学生获得尊重，健康成长，以上都属于以人为本的范畴。从"三好学生"、"四有新人"到"四有老师"的演变，表现出我国思想政治教育工作在过去70多年的理念革新，学生主体性地位的不断提升，符合以人为本的根本原则。

总而言之，在中小学思想政治教育工作的具体实践中，要以坚持党的领导为基本原则，在此基础上强化阵地建设、制度建设和队伍建设，这是全面推行以人为本教育方针的有力保障。

附 录
立德树人，铸就师德之魂*

---

* 作者：人大附中朝阳学校教师陈晓陆。

百年大计,教育为本;教育大计,教师为本;教师大计,师德为本。到底什么是师德师风?所谓师德,就是教师应具备的最基本的道德素养;师风,是教师这个行业的风尚风气。师德师风是教育工作者的灵魂。孔子提出:"躬自厚而薄责于人。"教育家叶圣陶说过:"教育工作者的全部工作是为人师表。"人民教师,肩负着培养人和塑造人的神圣使命。毫不夸张地说,一个民族的希望,是通过教师托起的。教师不但教人以知识,使人从无知到文明,更为重要的是教人以德,使人学会如何做一个高尚的人。一个民族的素质直接折射出这个民族的教育程度。反之,要提高民族的素质就必须有一支良好的教育队伍。踏上三尺讲台,就意味着踏上了艰巨而漫长的育人之旅。

爱党爱国、坚定信念,锻造师德之魂

作为教师,我们首先要热爱教育事业,对教学工作有"鞠躬尽瘁"的决心。教师既然选择了教育事业,就应该对自己的选择无怨无悔,不计名利,积极进取,开拓创新,无私奉献,力求干好自己的本职工作,尽职尽责地完成每一项教学工作,不求最好,但求更好,不断地挑战自己、超越自己。其次要不断加强政治学习,不断提高政治素养。教师要按照《中小学教师职业道德规范》严格要求自己,奉公守法,恪尽职守,遵守社会公德,忠诚于人民的教育事业,为人师表。要有为教育事业奋斗终身的献身精神,把忠诚于人民的教育事业看成美德，时时激励自己，要像蜡烛一样，燃烧自己，照亮别人。工作上要勤勤恳恳、兢兢业业，服从领导，不打折扣，认真完成学校领导交给的各项工作任务，并用"学为人师、行为示范"的要求来约束自己，做家长认可、学生喜欢、学校放心的"三满意"教师。

涵养人格、砥砺品格，深扎师德之根

育人者必先育己，身不修则德不立。教书育人，教书者必先学为人师，育人者必先行为世范。教师的职业特点决定了教师必须具备更高的素质，而师德是教师最重要的素质，是教师之灵魂。一方面，师德决定了教师对学生的热爱和对事业的忠诚，决定了教师执着的追求和人格的高尚；另一方面，师德直接影响着学生的成长。教师的理想信念、道德情操、人格魅力直接影响到学生思想素质、道德品质和道德行为习惯的养成。高尚而富有魅力的师德就是一部活的教科书，就是一股强大的精神力量，对学生的影响是耳濡目染、潜移默化、受益终身的。人们回忆起自己的成长经历时，经常不约而同地想到的就是教师的启蒙和榜样作用。在全面建成小康社会、开启全面建成社会主义现代化强国的新征程中，教师更要转变教育思想和观念、更新知识结构、提高教育教学水平，更要具备良好的思想素质和高尚的师德，在伟大实践中不断提高师德水平。

专心治学、厚积薄发，筑牢师德之基

知识与道德伴飞，人格随道德升华。作为教师，我们要专心治学，在工作中要时刻牢记自己的基本职能：教书育人。只有品德高尚、学识渊博、教学经验丰富，才能胜任这一光荣任务。我们要在课余时间阅读教育名著，撰写教学论文，促进自己的教学水平不断提升。我们还要树立科研意识。一位教师若无科研意识，就不会有重大发现，不会产生独到的见解，更不会有大胆的创新。针对教育教学过程中发现的问题，我们要展开研究，查阅资料，敢于实践，记录自己的实验过程，一边教学一边研究，努力实现教育观念的转变。

对于教师而言，教室里放飞的是希望，守巢的是自己；黑板上写下的是真理，擦去的是功利；手中的粉笔画出的是彩虹，留下的是永恒。教师肩负着神圣的社会责任，承载着塑造灵魂、塑造生命、塑造新人的时代重任，不能仅做传授知识的人，更要立德树人，努力成为塑造学生品格、品行、品位的"大先生"，在价值塑造、能力培养、知识传授上大有作为。只有这样，才能担负起立德树人的时代使命。

立德树人，以身立教[*]

---

[*] 作者：人大附中朝阳学校教师胡艳侠。

教师的职责是教书育人，正所谓师者，传道、授业、解惑也。但育人是教书的前提。作为教师，我们要培养学生成为德智体美劳全面发展的人。这里的"德"便是指品德。在德智体美劳中"德"字为先，说明要教学生先学做人，后学知识。那么，怎样育人呢？这便涉及师德。师德是教师人格特征的直接体现，是教师的道德灵魂。只有具备良好的师德，才能真正做到育人。因此，教师要时刻以"德高为师，身正为范"提醒自己。而要树立良好的师德，必须做到以下几个方面：

教师是神圣的职业之一。作为人民教师，我们应该忠诚于教育事业，为祖国的教育事业奉献自己的力量。在实际工作中，我们要兢兢业业，勤勤恳恳，不图私利。师爱是教师必须具备的美德，我们要关心爱护全体学生。高尔基说过，谁不爱孩子，孩子就不爱他，只有爱孩子的人，才能教育孩子。只有热爱学生，得到学生的尊重与信任，才能建立良好的师生关系，从而顺畅地搭建起教育教学的桥梁；只有热爱学生，才能去关心他们的成长，才能去教书育人，引导学生走向成功之路。即一切为了孩子，为了一切孩子，为了孩子一切，以身立教，为人师表。

教师的道德素质比教师的文化素质更为重要，良好的师德是教师人格魅力的体现。教师就是一面明镜，学生是教师的影子。我们的言行举止时时刻刻影响着学生。要求学生做到容装端正，自己要率先垂范，做到仪表朴素、庄重自持；教育学生要勤俭节约，我们就不能铺张浪费。专业教师通过"言传"来传授知识和技能,通过"身教"来育人。教师的理想追求、思想情感、言行举止、职业道德等,都对学生具有熏陶和潜移默化的影响,这些因素往往像种子一样在学生心中生根发芽。它的作用虽然表现得润物细无声,却对学生有着极其深远和巨大的影响。

古今中外无数事例证明,育人单凭热情和干劲是不够的,还需要以德立身、以身立教。在以身立教方面,我们要向魏书生老师学习,他以满腔热情的工作作风和朴实无华的崇高品质感染了一代又一代学子,不断充实自身的正能量。教师的学识和教学水平是教师在课堂上另外一种人格魅力的体现。苏联教育家马卡连柯说过,学生可以原谅教师的严厉、刻板,甚至吹毛求疵,但是不能原谅他们的不学无术。所以,教师要不断进取,平常应多看书,多学习;课余时间参加一些业务培训,密切关注现代科学的发展变化,吸收先进的教学理论,及时改进自己的教学方法。只有孜孜不倦地学习新知识,教师才能成为一盏明灯,为学生照亮前程。

对于学生所犯的错误,我们应当常怀宽容之心。宽容就是宽厚和容忍。毕竟人非圣贤,孰能无过。宽容是一种美德,是一种境界。所以对待学生的错误,教师不能动怒,要耐心分析造成错误的原因,引导他们认识错误,积极改正。多年的教育经验使笔者明白了:一个人宽宏大量,身边的人都会受到影响,被他的德行所感染,愿意信任他、亲近他,甚至与他分享心中最愉悦的故事,而他自己也将收获真诚的回报。

马克思说:"只能用爱来交换爱,只能用信任来交换信任。"① 孩子的成长需要爱,而爱孩子除了关心爱护、尊重他们的人格之外,还要与学生产生思想和情感上的共鸣。这就要求我们平时多与学生保持交流,了解他们的心理变化,用公平、公正的眼光正确地看待他们,多倾听他们的意见,给他们营造和谐的环境,唤起他们的自信。让每一个孩子都学会做人,战胜自我,我们只有用爱心、诚心和耐心去拨动学生的心弦,才能弹奏出动人的、优美的乐章。

"落红不是无情物,化作春泥更护花。"教师要有这样的奉献精神。"捧着一颗心来,不带半根草去。"陶行知曾用这句话高度概括了教师的无私。我觉得,奉献是要把自己拥有的东西心甘情愿地给别人。作为新时代的人民教师,我们应该用自己一颗炙热的爱心去了解学生,关心、爱护他们,在自己的岗位上作出最大的贡献。当别人需要帮助的时候,我们应毫不犹豫地伸出援助之手。我们不图什么回报,只是希望自己的汗水能滋润一寸土地,这样就足够了。

总之,立教师之德,即要以德立身、以德执教、以德上岗、以德服人,如此才能立"人类的灵魂"之德。只有立德树人、以身立教,才能更好地完成党和国家赋予我们的神圣使命,培育出更多优秀人才,从而圆满地实现我们的中国梦。

---

① 《马克思恩格斯全集》第 3 卷,人民出版社 2002 年版,第 364 页。

> 在实践中找准增强道德品质的切入点，对学生进行卓有成效的思想品德教育*

---

* 作者：人大附中朝阳学校教师陈岩。

道德品质是一个人的立身之本，是一个学生成长的根基，在具体的教学实践中找准切入点，做好学生的道德品质教育，对引导学生形成良好的心理素质和高尚的道德情操，养成良好的行为习惯，促进学生健康人格的发展，提高德育的实效性都有着十分重要的作用。那么，怎样在实践中找准渗透德育的切入点呢？笔者认为，教师可以从教学各个环节寻找切入点，渗透品德教育于无形之中，帮助学生拥有健康的心理和高尚的道德情操，使其学会读书，学会做人，从而达到较好的育人效果。

以教学资源为切入点，对学生进行德育渗透，引导学生树立正确的"三观"

课堂教学，是学生获得知识的主要渠道，也是培养学生正确世界观与人生观的主要方式。教师可以充分挖掘教材内容，整合教学资源，对学生进行德育渗透。为了让学生学会学习、掌握正确的学习方法，具备良好的心理品质和高尚的道德情操，教师可以通过教学活动磨砺学生意志、优化学生品格、完善学生性格、塑造健全人格，引导他们树立正确的人生观、世界观、价值观。

在教学中，教师要对学生进行人际交往、保护环境、行为规范、自觉遵守宪法和法律等方面的教育，让他们初步掌握人际交往的方法，懂得环境保护的意义，具备法律意识，做合格公民，还要让学生了解国家基本情况，树立崇高的个人理想和社会理想，培养其社会责任感，立志做社会主义的建设者和接班人。这些教学资源和素材都是德育渗透的最好内容，在教学时充分加以利用，可以取得较好的效果。

以典型事例为切入点，用道德模范的形象影响学生，启迪学生的心灵

榜样的力量是无穷的，教学中对典型事例的使用可以起到立竿见影的效果。教师在教学中为学生讲述一些历史和现代的道德模范典型事迹，既能激发学生的兴趣，又能提高学生求知的欲望，激发学生探索知识、开阔视野的内在动力，也是对学生进行德育教育的重要方法和途径。例如，笔者曾在课堂上为学生提供过感动中国十大人物之一的"核潜艇之父"黄旭华的视频，学生观看后很受感动。看完视频后，笔者启发他们进行思考：作为学生，我们的责任是什么？学生都踊跃地参与并积极回答。这时，思想品质的教育不再是简单的说教，课堂教学因典型事例的应用而变得生动形象，给了学生启迪和思考，让学生更易接受并铭记于心。

以实践活动为切入点，陶冶学生情操，让品德教育更富有色彩

要开展好学生的道德品质教育，社会和学校、校内和校外、教师和家长必须相互配合，这样才能达到最佳的效果。社会实践证明，

只有通过实践的锻炼，把握知识、陶冶情操、提高能力，才能让学生得到全方位的提高。

放学后，教师要及时与家长沟通孩子的思想表现，在社会大环境中感受社会文明、公共道德的教育。教师对学生不要仅限于书面教学，要尽可能让教育的形式多样化、生活化。例如，在教学"我和父母"时，笔者给学生布置了一项课后活动：回家后认真为父母洗一次脚，告诉父母，你理解他们的辛劳与爱。很多学生乐于接受这样的课后活动，在课堂上都争先恐后地谈自己的感受。有的学生说"给父母洗脚时父母没说什么，但发现妈妈眼睛里含着泪花"；有的学生在课堂上偷偷地哭了，因为以前他们从来没有给父母洗过脚，对于父母的关心感到很厌烦，这个课后活动让他学会了理解和体谅父母，懂得了爱和感恩。

在进行"关爱社会"的教学时，笔者设计了"小小观察员"这一实践活动，把学生分成几个小组，分别考察所在社区的公园、市场、客运中心、福利院等场所，最后以小组为单位提交一篇小论文在全班进行交流。学生们通过采访调查、拍照写生等形式多样的活动，感受到了社会文明变化的日新月异，也发觉了现实生活中在道德文明上存在的不尽如人意的一面，并提出了改进建议。虽然这些建议还不成熟，但他们毕竟有所思、有所想，开始学着用自己的眼光观察这个纷繁复杂的社会，这样也增进了他们与他人、家庭、社区的协作与了解，培养了他们的公民意识、社会意识和合作探究的能力。这种潜移默化的教学激发了学生的真情实感，实现了知、情、意、行的统一，回归了教育本色，让思想品德教育更富有生活色彩。

总之，思想品德教育的教师要用心去发现，在教学环节和社会实践中随时随地去寻找德育渗透的切入点，要善于利用切入点，恰当地进行渗透，蕴德育于无形之中，如此就会收到意想不到的教育功效。

第三篇

以文化人

> 加快建设教育强国,需要牢牢把握优质均衡的基本方向

2023年6月,中共中央办公厅、国务院办公厅印发《关于构建优质均衡的基本公共教育服务体系的意见》(以下简称《意见》)。《意见》提出,以公益普惠和优质均衡为基本方向,全面提高基本公共教育服务水平。《意见》回应了新时代我国基本公共教育面临的新形势和新需求,提出基本公共教育服务体系建设的总体要求,规划了时间表、路线图,具有很强的指导性和可操作性。贯彻实施这个文件,一定能够实现优质均衡的基本公共教育服务体系的建设目标,从而构建我国的高质量教育体系,加快建设教育强国。

根据我国全面建成社会主义现代化强国总的战略安排,到2035年基本实现社会主义现代化,其中一项指标是基本公共服务均等化。基本公共教育服务是基本公共服务的重要内容。《意见》提出,到2035年,适龄学生享有公平优质的基本公共教育服务,总体水平步入世界前列。

可以看出,《意见》是一个与我国现代化建设同步的公共教育服务体系建设方案。对于在现代化建设中发挥基础和支撑作用的教育来说,这个服务体系的建成必将推动中国式现代化建设。

分类实施,扩大基本公共教育服务覆盖范围

扩大基本公共教育覆盖范围,是一项普惠性、兜底性的民生工程,是构建优质均衡的基本公共教育服务体系的基础。当前,我国基本公共教育服务体系建设取得重大成就,但仍存在发展不

平衡不充分、在一些领域覆盖范围小的矛盾。我们应该直视差距，有效补短板强弱项。

义务教育要实现更高质量的全覆盖。有关部门的权威数据显示，到 2021 年底，全国 2895 个县级行政单位通过国家督导评估，义务教育实现县域基本均衡发展。在党的领导下，我国教育取得的一个了不起的成就。在此基础上，《意见》对义务教育发展进行更高规划，这就是从基本均衡向优质均衡迈进。除了实现义务教育对适龄学生的全覆盖、通过提升教育资源质量以提供更优质的教育服务外，覆盖全学段的学生资助体系尤其引人关注，其中包括坚持和完善义务教育"两免一补"政策，深入实施农村义务教育学生营养改善计划，根据经济社会发展水平和国家财政状况，完善资助标准动态调整机制，不让一个困难家庭学生"掉队"。

基本公共教育服务要扩大覆盖范围。在基本公共教育领域，相比于义务教育，我国学前教育和高中教育目前仍存在覆盖面较小的问题。由此造成进城务工人员子女如果不回老家上幼儿园，在城市只能上较为昂贵的幼儿园；孩子在城里读完初中后只能回老家读高中，并参加高考。这对收入相对较低的进城务工人员来说，加重了生活负担，不利于实现共同富裕。这里的原因很复杂，但极其重要的一条是，各地政府在配置学校、教师、设备等教育资源时，依据的是当地户籍人口规模，而进城务工人员绝大部分是常住人口，在很长时间内没有被考虑在内。

党中央、国务院的决策部署与时俱进、实事求是。2022年政府工作报告提出，依据常住人口规模配置教育资源，保障适龄儿童就近入学。此次《意见》在政策制定上更贴近人民群众需求和实际情况，即建立与常住人口变化相协调的基本公共教育服务供给机制，按实际服务人口规模配置教育资源。相信由此将破除进城务工人员子女接受学前教育和高中教育的障碍，让他们接受费用更低、质量更优的教育。《意见》还紧扣我国就业状况出现的最新变化，在教育资源配置上作出安排：完善灵活就业人员和新就业形态劳动者居住证申领政策，健全以居住证为主要依据的农业转移人口随迁子女入学保障政策等。

扩大基本公共教育覆盖范围，不仅要瞄准义务教育发达地区，还要针对义务教育落后地区，从而实行全覆盖，不留死角。《意见》提出，要增加对义务教育落后地区的投入，尽快将普惠性学前教育纳入基本公共服务，统筹协调公办幼儿园和普惠性民办幼儿园一体化发展，提供普及普惠、安全优质的学前教育。在这方面，上海市建设广覆盖、保基本、有质量的学前教育公共服务体系，很有借鉴意义。

扩大基本公共教育覆盖范围，不仅要有面上的推广，还要帮助解决深层次问题。为此，不但要提供高中阶段的基本公共教育服务，还要为家庭经济困难的学生提供国家助学金、免除学杂费；为符合条件的中等职业教育在校生提供国家助学金、免除学费；

优先将家庭经济困难的残疾儿童纳入资助范围,不断完善覆盖全学段的学生资助体系。

综上不难看出,扩大基本公共教育覆盖范围,最根本的一项原则是加大投入,大力发展经济。为此各地要按照中央部署和要求,大力推进经济高质量发展,提高经济发展的效益,积累较为雄厚的家底。在此基础上,协调处理好公共服务的覆盖面、保障和供给水平、政府财政能力三者之间的关系,以财力为依托扩大基本公共教育的覆盖范围,深入解决其深层次矛盾,实现高质量发展。

瞄准差距,推进基本公共教育服务均等化

基本公共教育服务均等化,是人民群众最关心、最直接、最现实的利益问题,是基本公共教育服务公共性特征、普惠性特征的必然要求,是教育现代化的基本要求,必须大力推进。

近年来,我国打赢教育脱贫攻坚战,教育领域综合改革全面推进,教育发展卓有成效。但是从总体上看,我国基本公共教育服务在区域、城乡、校际、不同群体之间仍存在较大差距,主要表现在革命老区、少数民族地区、边疆地区等由于在自然禀赋、交通条件等方面存在差距,造成区域经济发展不平衡,从而在基本公共教育服务建设上还存在差距;经过多年发展,我国农村公共教育服务在硬件建设上取得长足发展,但目前已出现新短板,即内涵发展不足、教师队伍不稳定,在一些地方存在优秀教师向大中

城市集聚的现象；在一些城镇，存在师范学校毕业生不愿意去条件相对较差的学校、优秀教师想方设法调入优质学校的现象，造成校际差距；孤儿、事实无人抚养儿童、农村留守儿童、困境儿童、特困学生等群体在教育保障、关爱保护、救助供养等方面，虽然从总体上已解决问题，但仍存在或多或少的不足。为此，要瞄准差距，分析原因，精准出招，大力推进教育均等化。

要继续加大对革命老区、少数民族地区、边疆地区等的支持力度，从而解决区域教育差距。在此，要分别发挥省（自治区）级政府、市（州）级政府的作用。前者要聚焦不同地市、县区，努力缩小它们之间的办学差距；后者要充分发挥区域经济中心作用，将教育资源向经济欠发达县区倾斜。在国家和省级层面，则要建立跟踪评估和定期调度机制，督促各地不断改善办学条件，不突破底线条件。在师资培养上，不仅要加大优质师资的培养力度，还要解决当前一个迫切需要解决的问题：师资流失。为此国家已严格规定，不得从中西部地区、东北地区抢挖优秀校长和教师。除了国家层面的"保护"，各地也应当努力改善条件，留住优秀人才。

要以城带乡、整体推进城乡义务教育发展，从而解决城乡教育差距的问题。当前要优先发展乡村教育，尤其是巩固、提升乡村九年义务教育水平。城乡不分家，当前提升乡村教育水平的一个有效途径是推进城乡教育一体化。为此要健全激励机制，全面推进城乡学校共同体建设，加大城市对乡村的帮扶，力争让乡村每所学校都能获得对口帮扶。要充分发挥现代技术的作用,创新数字教育资源呈现形式,有效扩大优质教育资源覆盖面,提高农村边远地区的教育水平。

以推进师资配置均衡化为重点,缩小校际教育差距。建立科学机制,促进不同学校之间一体化发展是一种有效方式。集团化办学,学区制管理,就是这样一种机制。通过这种机制,促进校际间在管理、教学、教研上的紧密融合。还要出台管用的激励措施、有效的制度保障,推动校长、教师交流轮岗,从而引导优质资源向"洼地"交流,持续不断,久久为功,直至"洼地"成长为"高地"。在县域内,这种机制的运行以一项改革为前提,即教师"县管校聘"管理改革,要切实推进这项改革。

教师是师资的核心要素,是影响基本公共教育质量的关键力量。为此,要采取包括"国培计划"在内的各种措施,对校长、教师进行全员培训,提升其管理和教学水平。

要以推进教育关爱制度化为重点,缩小群体教育差距。最为重要的是让不同群体儿童在适龄时能够平等接受义务教育。为此,要全面推进义务教育免试就近入学,推进公办、民办学校同步招生政策,有条件就读哪类学校就入哪类学校,两相结合,确保"一个也不能少"。在义务教育阶段,还要加强特殊教育学校建设,推进普通学校随班就读工作。学生入学后,则要提供学习困难学生帮扶制度、个性化培养机制,帮助其顺利完成学业,得到深入培养。

建章立制，提升基本公共教育服务的效率质量

数量不等于质量，指标不等于目标，个体不代表全部。构建优质均衡的基本公共教育服务体系，应该越过数量、指标、个体，在质量、目标、全员上发力，让既有的教育资源实现最优配置，产出最佳效益。

我国是世界上最大的发展中国家。当前，世界百年未有之大变局加速演进，世界之变、时代之变、历史之变的特征更加明显。我们在努力发展经济、扩大财力的同时，要更加注重在现有财力水平上提升基本公共教育服务的效率质量。

为此，要提高财政资金的使用效率。要坚持保基本、补短板、提质量、促公平原则，建立透明、公平、科学、可监督的决策机制，推动经费支出向发展薄弱地区（农村地区）、薄弱学校、困难群体倾斜。

要深化财政投入体制改革。要落实各级政府的财政保障责任，尽快形成权责清晰、财力协调、标准合理、保障有力的基本公共教育服务投入机制。

要优化经费使用结构。经费的使用方向，直接决定了基本公共教育服务体系建设的质量。目前，我国教育已走过规模扩张阶段，正处在质量提升阶段。有限的教育经费使用，要紧跟这一转变，从而提升基本公共教育服务质量。

义务教育制度是国家统一实施的教育制度，是国家必须予以

保障的公益性事业。因此，义务教育是财政经费投入的"重中之重"，必须巩固完善城乡统一的义务教育经费保障机制。

同时，基层和学校最能感知哪里最需要花钱、怎么才能"花最少的钱办最大的事"，要给予基层和学校经费使用的自主权，由此提高经费使用的效率。行之有效的经验告诉我们，适当引入市场机制，是提升效率与质量的有效途径。

要建立绩效评价体系和监督机制。财政资金投入要公开化、透明化，接受公众和社会的监督，同时能及时监测财政资金的使用效率和效果，把有限的财政资金用到最能发挥效益的领域，提升基本公共教育服务的供给水平。

在质量方面，要有效开辟途径，提升基本公共教育服务水平，从而缩小区域、城乡、校际之间的教育质量差距。为此，要在课程改革、教学改革、教材建设等方面加大投入力度，充分发挥它们提升教育质量的作用。作为辅助措施，公共文化体育和科普资源在育人方面发挥着重要推进作用，学校卫生体系和能力建设在育人方面发挥着保障作用。要充分发挥这两者的作用，大力提升基本公共教育服务的效率质量。

综观整个教育体系建设，从构建优质均衡的基本公共教育服务体系入手，为培养优秀人才打下良好基础，从而为解决经济社会发展不平衡不充分的问题提供人力准备。以此为起点，必将有力推动中国式现代化建设进程。

夯实中小学基础教育，推动新时代教育强国建设

科技兴则民族兴，科技强则国家强。党的十八大以来，以习近平同志为核心的党中央把科技创新摆在国家发展全局的核心位置，坚持走中国特色自主创新道路，大力建设创新型国家和科技强国，推动我国科技事业取得历史性成就、发生历史性变革，带领我国成功进入创新型国家行列。党的二十大报告指出，教育、科技、人才是全面建设社会主义现代化国家的基础性、战略性支撑。必须坚持科技是第一生产力、人才是第一资源、创新是第一动力，深入实施科教兴国战略、人才强国战略、创新驱动发展战略。创新驱动的实质是人才驱动。只有加快推动建设教育强国，尤其是夯实中小学基础教育，才能培育出更多的优秀人才，才能为我国高质量发展提供人才支撑。

中小学教育必须始终坚持教育优先发展

中国具有重视教育的悠久历史，尊师重教是中华民族的传统美德。党的十八大以来，以习近平同志为核心的党中央坚持把教育作为国之大计、党之大计，做出加快教育现代化、建设教育强国的重大决策，推动新时代教育事业取得历史性成就、发生历史性变化。人才是实现民族振兴、赢得国际竞争主动的战略资源，人才的培养则基于教育。因此，党的二十大报告强调，我们要坚持教育优先发展、科技自立自强、人才引领驱动，加快建设教育强国、科技强国、人才强国。习近平总书记一直强调，教育兴则国家兴，教育强则国家强。建设教育强国，是全面建成社会主义现代化强国的战略先导。目前，我国已建成世界上规模最大的教育体系，教育现代化发展总体水平跨入世界中上国家行列。最新数据表明，我国目前的教育强国指数居全球第 23 位，比 2012 年上升 26 位，是进步最快的国家。在成绩面前，我们也必须清醒地认识到，从教育大国到教育强国是一个系统性的跃升和质变，各级党委和政府要始终坚持教育优先发展，在组织领导、发展规划、资源保障、经费投入上加大力度。学校、家庭、社会要紧密合作、同向发力，积极投身教育强国实践，共同办好教育强国事业。中小学教育是我国教育体系的起点，承担着基础教育的重任，事关每一名少年儿童的全面发展和成长成才，各级政府和各个学校都要给予足够的重视和关切。

中小学教育要构建优质均衡的基本公共教育服务体系

中国特色社会主义进入新时代，我国社会主要矛盾已经转化为人民的美好生活需要和不平衡不充分的发展之间的矛盾。在教育领域，这一矛盾主要表现在以下方面：一是区域教育发展不平衡。党的十八大以来，中西部教育得到明显增强，但与东部地区相比，仍然存在着明显差距。二是城乡教育发展不平衡。长期形成的城乡二元结构对教育的影响巨大，城市教育和农村教育发展存在明显的差距，面对的问题各不相同。三是同一地区校际发展不平衡。重点学校和非重点学校在办学条件、师资水平、教育理念等方面出现了较大差距，很多城市因为教育资源不均衡而导致的学区房问题还没有从根本上得到解决。四是教育层次结构发展不平衡。从办学层级来看，学前教育和高中阶段教育仍然是教育体系中的短板和弱项。教育公平是最大的公平。习近平总书记指出，教育公平是社会公平的重要基础，要不断促进教育发展成果更多更公平惠及全体人民，以教育公平促进社会公平正义。党的十八大以来，习近平总书记多次强调，绝不能让贫困家庭的孩子输在起跑线上。针对教育领域中长期以来存在的问题，中共中央办公厅、国务院办公厅于2023年6月印发了《关于构建优质均衡的基本公共教育服务体系的意见》，要求各地区各部门结合实际认真贯彻落实。总体要求是全面提高基本公共教育服务水平，加快建设教育强国，办好人民满意的教育。为了全面保障义务教育优质均衡发展，从促进区域协调发展、推动城乡整体发展、加快校际均衡发展、加快民族地区教育发展、提高财政保障水平5个方面作了部署，并明确了具体时间要求，即到2027年，优质均衡的基本公共教育服务体系初步建立，供给总量进一步扩大，供给结构进一步优化，均等化水平明显提高；到2035年，义务教育学校办学条件、师资队伍、经费投入、治理体系适应教育强国需要，市（地、州、盟）域义务教育均衡发展水平显著提升，绝大多数县（市、区、旗）域义务教育实现优质均衡，适龄学生享有公平优质的基本公共教育服务，总体水平步入世界前列。《意见》既有具体措施也有时间要求，是推动我国中小学教育均衡发展、充分发展的重要举措，可以预见会把我国的中小学教育质量提到一个更高的水平。

中小学教育要坚持学生全面发展的原则

我国著名教育家、美学家朱光潜说过："中小学教育是基层教育，要有健全的中小学，才能有健全的高等教育。"从个人成长的意义上来说，中小学教育比大学教育更重要。中小学教育是基础性教育，也是成长性教育。俗话说"根不正，苗必歪"。良好的基础教育，是每个人健康成长、学业成才、事业成功的根基，根基不牢，难以成才。基础教育阶段最主要的任务就是强调德智体美劳全面发展，其中德育当先，中小学教育应当努力把每个学生培养成品德高尚的人，培养成遵纪守法的人，培养成文明有礼的人，培养成懂得感恩的人。习近平总书记2023年5月31日在北京育英学校考察时强调："新时代中国儿童应该是有志向、有梦想，爱学习、爱劳动，懂感恩、懂友善，敢创新、敢奋斗，德智体美劳全面发展的好儿童。"[1] 教育的根本任务是立德树人，是培养德智体美劳全面发展的社会主义建设者和接班人。学生的理想信念、道德品质、知识智力、身体和心理素质等方面的培养缺一不可。要有效减轻义务教育阶段学生过重的作业负担，有效减轻学生的校外培

---

[1]《争当德智体美劳全面发展的新时代好儿童》，《人民日报》2023年6月1日。

训负担。"双减"政策落地有一个过程,但是必须长期坚持。中小学教育阶段要大力引导家长、学校、社会等各方面提高认识,推动落实好"双减"工作要求,切实有效地促进学生全面发展。

当今时代,世界各国之间的综合国力竞争在很大程度上是科技竞争,而国家科技创新力的根本在于人才。科技型人才的培育要从中小学教育抓起。我国教育家陶行知说过,儿童是新时代的创造者,决定着国家和民族的未来,要造就科学的国家和民族,首先就应该从"造就科学的孩子"开始。2020年9月11日,习近平总书记在与科学家座谈时指出:"好奇心是人的天性,对科学兴趣的引导和培养要从娃娃抓起,使他们更多了解科学知识,掌握科学方法,形成一大批具备科学家潜质的青少年群体。"[1] 2023年5月,教育部等18个部门联合印发《关于加强新时代中小学科学教育工作的意见》,着力推动中小学科学教育学校主阵地与社会大课堂有机衔接,提高学生科学素质,培育具备科学家潜质、愿意献身科学研究事业的青少年群体,为加强中小学科学教育迈出了坚实的一步。

习近平总书记指出:"培养什么人、怎样培养人、为谁培养人是教育的根本问题,也是建设教育强国的核心课题。"[2] 中小学教育的最终目的,就是培养一代又一代德智体美劳全面发展的社会

---

[1] 习近平:《在科学家座谈会上的讲话》,人民出版社2020年版,第13页。
[2] 《加快建设教育强国 为中华民族伟大复兴提供有力支撑》,《人民日报》2023年5月30日。

主义建设者和接班人，因此必须摒弃过去应试教育的观念和思路，创新教育理念，改变教育方法，保证广大学生全面发展。

中小学教育要重视高素质教师队伍的建设

我国西汉思想家扬雄在《法言》中提出："师者，人之模范也。"中华民族很早就认识到教师这一职业的特殊性和专业性。西汉初年，董仲舒说过"善为师者，既美其道，又慎其行"。朱自清也认为，就品格来说，一个人在中小学时期最富于感受性，学好学坏，都很容易，所以他的品格模样在这个时期大致已形成，将来不过顺着这初定的模样渐渐发展。因此，中小学教师对于树人大业所负的责任，比大学教授所负的要大得多。由此可见，建设一支高质量、高素质、专业化的教师队伍，是发展我国教育事业、培养优秀人才的重要保证，也是建设教育强国的关键所在。目前，我国广大教师队伍包含中小学教师队伍还存在一些问题，社会上也有一些负面新闻和批评意见，主要表现在：师德水平需要提升，教师教书育人能力素质需要进一步提高，管理体制机制需进一步理顺，待遇保障需持续加大力度。就中小学教师队伍而言，还存在着观念落后、方法缺失、能力不足和职业倦怠等问题亟须解决。

习近平总书记在中共中央政治局第五次集体学习时强调："强教必先强师。要把加强教师队伍建设作为建设教育强国最重要的基础工作来抓，健全中国特色教师教育体系，大力培养造就一支师德高尚、业务精湛、结构合理、充满活力的高素质专业化教师队伍。"[1] 教育部随后推出了 15 条举措以加强基础教育教师队伍建设。总的来说,就是强培养,健全中国特色教师教育体系;重引领,完善高层次教师人才培养机制;促均衡,强化欠发达地区乡村教师队伍建设;抓改革,提升教师队伍治理水平;赋动能,推进教师队伍数字化建设。这些有力举措都是基于对我国中小学教师队伍中存在的现实问题而制定,必将促使未来的教师队伍发生根本改变,使其面貌焕然一新。

我国教育强国建设必须以实现中华民族伟大复兴为使命,要以高质量发展作为各级各类教育的生命线。建设教育强国,基点在基础教育。基础教育搞得越扎实,教育强国步伐就越稳、后劲就越足。只有大力夯实中小学教育,才能确保基础教育的质量,才能在全社会树立科学的人才观、成才观、教育观,加快扭转教育的功利化倾向,形成健康的教育环境和生态。建设教育强国是中华民族伟大复兴的基础工程,夯实中小学基础教育,也是建设教育强国的基础工程。

---

[1]《加快建设教育强国 为中华民族伟大复兴提供有力支撑》,《人民日报》2023 年 5 月 30 日。

为了更好的教育——
"双减"背景下学校教育的知与行

2021年7月，中共中央办公厅、国务院办公厅印发了《关于进一步减轻义务教育阶段学生作业负担和校外培训负担的意见》，这是党中央、国务院从为党育人、为国育才的战略高度，坚持以人民为中心的教育理念，克服功利化、短视化的教育行为，为落实立德树人根本任务、发展素质教育、保障每个儿童的健康成长作出的重大决策。作为"双减"的主阵地，学校如何践行为党育人、为国育才的初心使命，如何转变观念和职能，发挥学校主体作用，如何提供更适合学生成长的教育，是当前教育改革面临的难题，也是中小学教育工作者的使命与担当。

重视教育理念，把握教育之源

实施"双减"政策，不仅是对我国教育格局的重大调整，更是教育观念的大变革。"双减"政策直指教育的高质量发展，重新审视学校教育的内涵与实质，有了"知"，才能有真正的"行"。

以教育理念变革为原动力。真正的教育改革发展，首先应该是教育理念的变革，要把教育理念变革作为学校改革发展的原动力。比如，中国人民大学附属中学的跨越式发展始于1997年，现任国务院参事、中国人民大学附属中学联合总校校长的刘彭芝被任命为第九任校长。此时的中国人民大学附属中学在北京市并非最优秀的学校，与北京四中等一流名校还存在不小的差距。刘彭芝校长在上任的第5天，就重新确立了中国人民大学附属中学的奋斗目标"国内领先,国际一流,创世界名校",并提出了她独特的办学思想——尊重个性,挖掘潜力,一切为了学生的发展,一切为了祖国的腾飞,一切为了人类的进步。可以说,这20多年是刘彭芝校长爱与尊重教育理念和办学思想在中国人民大学附属中学不断落实与深化的过程。正是在这种理念与思想的指引下,中国人民大学附属中学迅速发展,创造了一个又一个奇迹。同理,"双减"背景下,我们应以教育理念变革为动力,推动对系列教育观念的纠偏,回归育人本质,推动高质量育人,实现从学科教学到学科育人、从工具理性到价值理性的教学思想转变。

以抓准教育本质为切入点。要使教育理念生发强大的力量,关键在于要抓住教育的本质。刘彭芝校长的教育理念"尊重个性,挖掘潜力"正是对教育本质的最好诠释。当一个人的个性、潜力、秉赋得到发展和展示的时候,他是幸福的、自信的、积极的、自主的、充满正能量的。这是教育的题中应有之义,也是教育的规律。

很多时候,我们怀揣希望前行,却经常走着走着就忘记了自己为何出发、要走向何方。我们的教育正是如此。多少年来,我们一直为教育拼搏奋斗,学生寒窗苦读、起早贪黑,教师日以继夜、呕心沥血,然而到最后发现,我们的教育似乎只是为了高考的分数。教育的本质、价值、意义早已成为一个个空泛而模糊的概念,我们甚至以教育的名义扼杀了学生的个性和潜力。我们的教育真正缺少的不是宽敞明亮的校舍,而是对教育规律的尊重、对教育本质清晰的理解以及改革教育的勇气和智慧。学校要解放思想，更新教育理念，尊重教育规律，结合本地区、本校的教育实际，精准定位，找准改革切入点，变革办学策略，逐步突破应试教育的束缚，让教育回归其本质。

重塑课堂生态，夯实教育之本

"双减"政策以前所未有的力度治理义务教育生态，其根本出发点是让课堂教学回归育人的原旨，促进学校教育在教学质量和教学效能上的"双提"，实现学生的全面发展和健康成长。然而，当前狭隘素质教育的教学理念、漠视学生主体性的教学过程、身心二元的离身学习方式、单一分数导向的教学评价阻碍了育人目标的达成。要构建育人新模式、营造育人新生态、全面提升人才培养水平，亟须通过教学变革的逻辑转换和理念重构推动"双减"政策落地。

一是打造高效自主课堂。要提高教育实效，必须充分调动学生的主观能动性，坚持学生是中小学"立德树人"教育过程主体的理念，在教育内容的选择上要尊重学生的自主性，在教育方法的选择上要尊重学生的创造性。在教学活动中，教师只有充分尊重学生的主体性，即充分尊重学生、给予学生足够的信任，关心学生的心理活动、因材施教，才能激发学生的积极性、主动性和创造性，从而更好地引导学生树立自尊、自信、自强、自立的信念，激发学生的无限潜力。

一方面,在教育内容的选择上要尊重学生的自主性。学生对教育内容的接受是有选择的,都会从自己的需要、兴趣出发进行选择。教师要尊重、关心学生的各种需要,这样才能调动学生的积极性、主动性和创造性,才能增强教育的实效。要把握学生的兴奋点,坚持以学生为中心选择教育内容,对于学生普遍关注的问题,要重点讲解和积极引导,即要主动抓住社会的热点和难点问题,正面教育学生;针对社会消极现象,要正面引导学生;寻找学生最关心的问题,如学生自身的发展问题、就业问题,耐心开导学生,帮助学生解答一些疑难问题,使教育更有针对性和吸引力。

另一方面,在教育方法的选择上要尊重学生的创造性。创造性是学生主体性最显著、最重要的体现,是主体性的最高表现。要一改过去教师高高在上、学生被动接受的教育方式,逐步形成一种师生互动、教学相长的平等、民主的教学方式和教育氛围。教师要尊重学生的观点、爱好、习惯,真诚地与学生进行心灵的沟通,引导学生积极思考,让学生主动发现问题、提出问题,并运用自己所学的理论知识解决自身思想品德中存在的问题,发挥学生的创造性,提高思想道德教育的实效性。

二是打造体验式课堂。体验式学习方式是指根据教材学习的需要,在教师的指导下学生参与相应的社会实践活动或者模拟真实的社会实践活动,以获得丰富的感性认识,加深对理性知识理解的学习方式。这种学习方式强调学生的学习要用眼看、用耳听、用脑想、用手操作，即亲身经历，用自己的心灵去感悟，重视学生的直接经验，鼓励学生对教科书的自我解读、自我理解，尊重学生的感受和独特的见解。

首先，学习材料"生活化"。在课堂教学中，要引导学生用自己的眼睛观察生活、用自己的情感体验生活、用自己的方式研究生活，促进学生与自然、社会的内在整合。尽量将学习材料生活化，从学生身边的生活中选取素材补充到我们的学习内容中，使空洞的哲学原理、经济学理论与学生的实际生活更加贴近，使学习活动更加有趣、生动、容易感受，那么学生就能在学习过程中更多地体验到知识的发生过程，在体验中掌握知识、形成技能，同时也使情感、态度、价值观得到滋养和提升。

其次，创设情境，引导体验感悟。体验式学习有助于将学习主题与学生的生活实际结合起来，通过师生协作探讨，在情感交流、思维碰撞中体验、感悟，使学生得到熏陶，促进其思维方式的日臻成熟。而引导学生进行体验性学习的首要环节就是通过创设情境，引导学生体验、感悟。在很多课堂教学中，我们都可以通过创设情境启迪学生的思维。

最后，组织综合实践活动，引申拓展体验的时空。创造源于实践，体验源于实践，仅仅满足于课堂中模拟的体验还很不够。生活中很多直接的、真切的体验能使学生获得更多的对于实际的真实感受，并使之形成认识、转化为能力。可以让学生查阅资料，也可以参与社会访谈、考察式的活动，即走向社会，丰富社会阅历、生活积累。我们从开放式的话题中捕捉问题，或者从社会热点问题中选择话题作为体验式学习的主题让学生开展实践活动。在实践活动中，学生们无论在知识与技能、过程与方法，还是情感态度与价值观上都会有极大的收获，真正将知识转化成能力，学以致用。

重构课程体系，抓牢教育之重

"双减"政策之下，校本课程应该是基层学校课程建设的突破口，学校应该将校本课程建设作为一项发展战略，重点研究实施。我们呼唤素质教育，倡导全面提升学生素养、发展学生综合能力，然而没有丰富的、有针对性的课程，这一目标将永远是空中楼阁。课程是学校实现育人功能和培养目标的重要载体，课程建设是"双减"政策有效落实的核心推动力量。

一是课后服务助"双减"。"双减"背景下的课后服务难点在于学生课外补习负担能否真正减轻，多样化的需求能否真正得到满足，学习力和发展力能否真正得到提升。学校要着力丰富课后服务供给，全覆盖式地开展课后服务课程，加强校内课业辅导。人大附中朝阳学校针对不同层次和学习状况的学生，开设了个性化的课后服务课程。课后服务课程主要包括课业辅导类、专题教育类、综合素质拓展类、实践活动类课程,是学校课内课程的延伸和拓展,面向全体学生,由学生自由选课。学科辅导类课程主要针对语文、数学、英语、物理(初二)四个学科,提供培优课程和基础课程两大类内容,前者为学有余力的学生拓展学习空间,后者对学习有困难的学生进行补习辅导与答疑。专题教育类包括劳动教育、生命教育、心理健康教育等。综合素质拓展类课程中,所有学科均开设了丰富多彩的阅读、文体、艺术、科学、艺术等兴趣类课程,在初一和初二阶段实现全科覆盖,促进学生核心素养的发展。实践活动类课程包括开放性科学实践活动类、综合性社会实践活动、学科内综合实践活动、跨学科综合实践活动等。

人大附中朝阳学校开设的课后服务课程达 80 门以上,基本可以满足学生个性化发展的全部需求。在人大附中朝阳学校,每天下午,初一和初二年级学生走班去学习自己感兴趣的课程。这些课程多是由在校教师、校外专业人员、校友等主动开设,学校建有完备的校本课程管理体系。

二是多彩社团促发展。社团活动是满足学生个性化、个别化的学习需求,让学生感受多彩的校园生活的重要载体。线下阵地和线上阵地双管齐下,丰富中小学社团生活对学生学习及健康成长十分有益。社团活动可以是文化学习的兴趣延伸,如小作协、英语口语社等,也可以是专项人才的初训基地,如书法社、街舞社、动漫社等。学生根据自身的需求与潜力,选择适合自己发展的社团，与志趣相投的同学在一起，可以激发他们对某一学科或项目的浓厚兴趣和钻研精神。同时，社团活动可以使学生的管理能力、组织能力、活动策划能力等都得到锻炼与提升，是学生能力发展的最佳方式。

人大附中朝阳学校从学生实际出发，开展多种形式的社团活动，丰富了学生的学校生活，形成了一批蓬勃向上、深受欢迎的学生社团群。学校拥有天文社、趣味实验社、花式篮球社等132个社团，其中小学社团49个，初中社团46个，高中社团37个，激发了学生的兴趣，培养了学生的能力，取得了良好的育人效果。

落实"双减"政策，让学生回归学校课堂主阵地，对于学校深化教育教学改革是一个契机。推进教育高质量发展，培养德智体美劳全面发展的社会主义建设者和接班人，要求我们必须站在实现中华民族伟大复兴的战略高度，落实"双减"工作。作为教育的主阵地，新时代学校需要不断更新教育观念，树立正确的教育观，落实立德树人根本任务，加强学校课程建设，提高课堂教学效率，提高作业布置质量，力求真正做到减负增效。

践行教师培养新理念
构建教师队伍新格局

百年大计，教育为本；教育大计，教师为本。教师，是立教之本，兴教之源。高质量的教育需要高素质的教师队伍支撑，有好老师才会有好教育。有名师才有名校，名师是名校的中坚，一流学校必须有一流师资。教师是学校的主体，是最具潜力和生命力的教育资源，是学校可持续发展的关键。成立十多年来，人大附中朝阳学校坚决贯彻党的教育方针，落实立德树人根本任务，打造一流师资，成就一流教育，在"双名工程"总体方案的指导下，不断创新人才培养策略和工作机制，优化人才发展环境，加大对青年教师的培养力度，努力建设一支献身教育事业、师德师风高尚、教育理念先进、治学精神严谨、教学水平一流、育人艺术精湛，热爱学生，不断创新的教师队伍。

德才兼备，开拓创新，严把教师入口关

要办好一所学校，关键要有一支德才兼备的优秀教师队伍。青年教师是学校的未来。为了促进学校教师队伍的整体优化和可持续发展，学校定期从985、211名校招聘高素质、高学历的毕业生，通过人事初筛、教研组考核、主管校长把关、校长和书记亲自面试等多层选拔程序，对毕业生的理想信念、道德情操、学业知识和教育情怀等方面进行全方位考核。师德是学校聘用教师的首要标准，师德欠缺，一票否决。经过多年努力，学校精选了一大批德才兼备的优秀青年教师后备人才，为学校教师队伍的整体优化和

教学水平的整体提升奠定了坚实的基础。以初中语文组为例，全组共36名教师，其中30人是应届硕士毕业生，他们大多来自北京大学、中国人民大学、北京师范大学等985、211"双一流"大学。如今，这些青年教师已成为学校教育教学的生力军，为学校教师队伍注入了强大的生机和活力。他们当中有10人是区级学科类骨干教师，6人担任了语文教研组长和备课组长。2020年中考，他们所带的毕业生中有23人获得语文满分，创造了奇迹！

学高为师，身正为范，引领教师专业成长

习近平总书记2021年4月19日在清华大学考察时强调指出："教师要成为大先生，做学生为学、为事、为人的示范，促进学生成长为全面发展的人。"① 教育情怀培养是青年教师培养的首要任务，学校要引导教师以德立身、以德立学、以德施教，真正把为学、为事、为人统一起来，当好学生健康成长的引路人。

为了促进青年教师专业成长，经过十年探索，学校构建了立体化、全方位、常态化的教师队伍培训机制，形成了一套比较完善的青年教师培养体系。

一是立体化促进教师成长。学校根据教师成长规律构建了

---

① 《坚持中国特色世界一流大学建设目标方向　为服务国家富强民族复兴人民幸福贡献力量》，《人民日报》2021年4月20日。

师德历练、思想淬炼、教学锻炼、岗位磨炼、专业训练立体化循序渐进的培养体系,为每一位新教师明晰了专业成长路径、专业训练方式和专业成长目标。毕业生入职前走进"雏鹰项目",通过岗前培训,成为合格实习生。入职后前两年走进"展翅项目",通过完成师徒结对培训任务,成为合格的教师。入职后第3—4年走进"翱翔项目",通过个人自主达成目标式培训,成为校级优秀教师。入职后第5—6年走进"腾飞项目",通过加入校内名师工作室接受培养,成为校级骨干教师和区级优秀青年教师。入职后第7—10年走进"涅槃项目",通过市、区级优秀后备人才项目培训,成为市、区级骨干教师。这套培养体系适用于不同层级的教师。学校通过引导教师明确自己的定位、提升途径和发展目标,使不同层级的教师有更强的幸福感、荣誉感和获得感。

二是全方位提升教师素养。培养一支名副其实的高素质教师队伍,全方位的设计至关重要。学校围绕教师素养,以"涵情""博学""赋能""深耕"四个项目为抓手,构建了促进教师素养全面提升的培养体系。其中,"涵情"项目通过宣讲身边榜样的感人事迹等讲述活动提升教师师德素养和教育情怀;"博学"项目通过读书氧吧、共研课标等交流活动提升教师的人文科学素养和专业知识;"赋能"项目通过校本教研、基本功大赛等展示汇报活动提升教师教学能力;"深耕"项目通过课题研究的实践与探索提升教师的科研能力。

三是常态化开展教研培训。常态化校本教研培训是加强教师队伍建设的重要途径。学校立足教学实际，发挥校本资源优势，构建了课程培训、学习培训、岗位培训、外派培训四位一体的促进教师专业成长的常态化校本教研培训体系。其中，暑期培训、科研年会、教研组研讨、备课组集体备课、跨地区融合化教研、跨学段贯通性教研、跨学科综合性教研成为校本教研的常态。聚焦常态课研究、立足解决实际教学问题的交流讨论也成为教师工作的常态。

追求卓越，勇于担当，打造一流教师队伍

大批毕业后入职人大附中朝阳学校的青年教师很快成长为市、区级骨干教师。人大附中朝阳学校共有 152 名市、区级学科类骨干教师，其中 112 人是毕业后入职的青年教师。特别是张玲玲、梁德娟老师，入职不到 10 年已成长为北京市骨干教师。事实证明，这套立体化、全方位、常态化的教师队伍培养体系卓有成效，青年教师的专业素养和教学基本功的快速提升获得了教育教学专家的高度认可。以 2022 年部分教师的成长为例，白雪洁老师在北京市、京津冀中小学班主任基本功比赛中均获一等奖，代表北京市参加全国比赛，教育案例入选国家教育部典型经验名单，北京市获得此项荣誉的仅有 7 人。在北京市第三届"京教杯"比赛中，人大附中朝阳学校 3 人获一等奖，8 人获二等奖。在朝阳区第五届

"扬帆杯"比赛中，人大附中朝阳学校15人获一等奖，26人获二等奖。

此外，不少青年教师勇于担当，参与学校管理，在实践中逐渐成长为能够适应新时代发展的业务能力强、管理能力强的"双强"型人才。比如，张玲玲老师兼任备课组长、教研组长、年级主任、教育督导办主任，教育教学、管理两手抓，专业水平和管理水平齐头并进、同步提升，教学成果丰硕，教育成效显著，先后获得朝阳区师德先锋、劳动奖章，北京市骨干教师、"京教杯"一等奖等荣誉。又如，中科院博士李雯老师，任科技教师、科技实验中心主任，带领DI社团连续4次代表中国参加全球总决赛并获得亚洲区第一名、全球第五名的佳绩。

一流的教师队伍成就了一流的教育。人大附中朝阳学校始终坚持为党育人、为国育才，落实立德树人根本任务，办好人民满意的教育。站在新的历史起点上，学校将进一步创新人才培养策略，优化人才培养方式，拓宽人才培养途径，努力打造出具有广泛示范性和辐射引领力的高素质、专业化、创新型教育人才。

高素质教师队伍的培养永远在路上。在朝阳区教育系统"双名工程"总体方案的指引下，学校将承前启后、继往开来，在努力培养高素质的教师队伍工作上追求卓越，善于作为，勇于担当，继续坚持党组织对教师队伍建设的领导，充分发扬拼搏奉献、团结协作、科学实干、勇于创新的人朝精神，坚持以学生健康成长为中心的教育思想和"尊重个性、挖掘潜力""爱与尊重"的教育理念,加强立德修身、以德施教的师德师风建设,永葆善于学习、勤于反思、自我提高、包容合作的精神气质,通过点燃激情,让教师树立为教育事业献身的精神;搭建平台,让教师实现人生的价值;重视团队建设,建立有利于教师共同发展的机制;加强校本培训,引领促进教师专业成长;以关心教师身心健康,营造宽松和谐温馨的工作氛围等有力举措促进教师快乐成长、全面发展;创造适合每位教职员工发展的教育,让每位教师努力成为明大德、立大志、成大才、担大任的新时代好老师,牢记育人初心使命,开创教育美好未来。

激发中小学办学活力
全面提升基础教育质量

教育活力、学校活力是提高教育质量的重要保障。随着我国全面深化教育领域综合改革的发展，激发中小学办学活力越来越受到重视和关注。2020年9月，教育部等八部委联合印发《关于进一步激发中小学办学活力的若干意见》，重点提出保障学校办学自主权、增强学校办学内生动力、提升办学支撑保障能力、健全办学管理机制四项举措。以此为引领，人大附中朝阳学校积极探索制定中小学办学活力改革的方案，努力办好人民满意的教育。

自2011年正式办学以来，人大附中朝阳学校以全面提升学生核心素养和关键能力为出发点，探索、升级名校办分校的治理模式，努力实现教育价值最大化目标，在办学过程中不断释放出教育活力与育人力量，主张办适合每一个学生发展的教育，给予每一个学生一片自由放飞的天空。人大附中朝阳学校始终秉承刘彭芝校长"爱与尊重"的办学理念，坚持尊重个性、挖掘潜力的办学思想，发扬拼搏奉献、团结协作、科学实干、勇于创新的人朝精神，全面贯彻党的教育方针，切实落实立德树人根本任务，大力实施素质教育，扎实推进课程改革，积极改善办学条件，始终坚持改革创新，打造卓越与负责的教师队伍，构建特色与完善的校本课程体系，共享中国人民大学附属中学优质与丰富的教育教学资源，以优良的校风和逐年提升的办学质量取得了优秀的办学成果和良好的社会声誉。

打造卓越与负责的教师队伍

教师是立教之本、兴教之源，建设一支优秀教师队伍是提升教育教学质量的前提，是激发学校办学活力的有力保障。教师队伍建设一直是人大附中朝阳学校创办名校的关键。学校以各种方法与途径激发教师的教育情怀，以"开创人朝历史，缔造人朝辉煌，打造全国一流名校"的目标激励教师，以"爱与尊重"的教育思想引导教师，初步形成了拼搏奉献、团结协作、科学实干、勇于创新的人朝精神。

人大附中朝阳学校党总支充分挖掘社会资源，把专家请进来给教师们做讲座，或者让教师走出去，开阔视野，增长见识，更新教师理念，促进教师的专业发展。人大附中朝阳学校党总支定期邀请国内党的建设方面的理论专家进行专题讲座，共有来自国务院、中纪委、中组部、教育部、中共中央党校、中国社会科学院、北京大学、清华大学、中国人民大学等单位的30多位专家学者，先后为全体教师做了《国学传统与当下人生》《紧紧围绕"四个全面"战略总布局，开创实现中华民族伟大复兴的新局面》《践行社会主义核心价值观，争做"三严三实"的好老师》等一系列学术报告，让教师们站在更高的层面思考现实的教育教学问题，把握最新的育人理念，拓宽视野，实现思想上的引领。

注重发挥党员教师的示范引领作用。人大附中朝阳学校不断完善和规范党员教师听课评课制度，监督听课评课质量，激励党员教师主动深入课堂教学，积极发挥示范引领作用。在党员教师和普通教师之间建立起一对一互助机制，使其在学习和工作中加强交流和沟通，在互帮互助中加深感情，在团结协作中实现共同成长。每年定期举行师徒结对仪式，促进青年教师快速成长。学校还专门研究制订并实施了《初心行动计划》和《使命行动计划》，探索出打造师德高尚、业务精湛、结构合理、充满活力的高素质教师队伍的途径和措施。在人大附中朝阳学校，每一位党员的办公桌上都设有"亮身份名片"，时刻提醒"我是党员，带头示范"的意识和"不忘初心、牢记使命"的承诺，加强了对党员的教育管理和监督，充分发挥了党员教师的先锋模范作用。

构建富有特色的校本课程体系

课程是育人的重要载体。随着我国学生发展核心素养以及高中新课程方案的发布，人大附中朝阳学校逐步搭建了更有系统和层次的课程群，不断完善，并最终形成了现有的"三层五向"课程体系。在纵向上，从学生发展维度确立了基础课程、发展课程和高阶课程，完成了面向全体、面向分层、面向个体的课程设置，分别从不同角度为学生提供服务；在横向上，形成了"向真——科学与社会""向善——人文与价值""向美——体育与艺术""向实——技术与实践""向新——探究与创新"五大方向课程，提供丰富多样的课程资源，纵横结合，聚焦核心素养和关键能力，着眼于学生整体素质的发展与提升。

在课程实施方面，学校教师开发了许多独特的课程，例如阅读课、写作欣赏课、配乐文章学习等，情景式课堂使学生能够快速进入情境，使学习过程不再枯燥。每个学科还设立了学科实践活动，例如语文的诵读比赛、数学的建模大赛、英语的歌曲大赛等。学生在活动过程中能够感悟知识的实际应用，更好地激发学习热情。目前，学习社团选修课程丰富，初、高中选修社团达到90多个，已形成以选修课、研究性学习和社团活动为载体的创新人才培养模式，通过融合信息技术培养数学、物理、化学、生物等领域的创新人才。

在教学方式与学习方式变革方面，学校提倡问题式教学、情境教学、分层式教学、合作式学习。问题式教学就是以问题引领课堂进展，培养学生的发散性思维。情境教学就是运用情境的方式吸引学生注意力，增加课堂的趣味性与感染力。分层式教学就是为每个学生选择合适的教学方法，关注所有学生的学习状态，给每个层次的学生不同的学习方法，使每名学生都可以找到最适合自己的学习方式。合作式学习就是学生之间或学生与老师之间以合作的方式进行学习，增强生生交流与师生交流的实效性。此外，人大附中朝阳学校的英语科目成绩在朝阳区一直首屈一指，其教学理念就是注重学科的工具性及人文性，在推动学生知识素养不断提高的同时，也注重学生思维品质的培养，用潜移默化的教育方式落实立德树人根本任务。

共享人大附中教育教学资源

如何传承与共享中国人民大学附属中学本部的育人思想和教育教学资源，是朝阳学校作为中国人民大学附属中学联合总校成员校一直思考和探索的问题。学校秉承中国人民大学附属中学先进的办学思想和办学理念，全方位共享中国人民大学附属中学的优质教育资源。在教育教学管理、课程设置、教师队伍建设、学生培养等方面全面借鉴中国人民大学附属中学的办学经验，聚集强大的师资力量和优秀的管理团队，走中国人民大学附属中学教育改革之路。

在教师队伍的培养方面，学校积极利用中国人民大学附属中学本部资源培养优秀教师，通过以中国人民大学附属中学本部教师为师、聘请中国人民大学附属中学本部教师指导公开课、与中国人民大学附属中学本部老教师集体教研、出国研修等方式不断搭建教师成长平台，提升师资水平。同时，学校每年还通过选派优秀初中毕业生到本部"留学"，寒暑假与本部学生出国访学等多种方式共享中国人民大学附属中学本部的优质教育资源。

近年来，人大附中朝阳学校高中部设置"人大附中高中同步实验班"，与中国人民大学附属中学本部在教材、备课、教案、学业测评等环节实现同步管理，这一举措也不断提升着学校的教育教学成绩。

10多年来，学校始终坚持落实立德树人根本任务，坚守"爱与尊重"的办学理念，打造卓越敬业的教师队伍，尊重学生个性，挖掘学生潜力，注重学生自我教育能力的提升，扎根朝阳，不断谱写育人新篇章。

如何促进教育公平

党的十九大报告指出,建设教育强国是中华民族伟大复兴的基础工程,必须把教育事业放在优先发展的位置,办好人民满意的教育,推进教育公平。党的二十大报告强调,要坚持以人民为中心发展教育,加快建设高质量教育体系,发展素质教育,促进教育公平。近年来,党和政府高度重视教育事业的发展,着手解决教育领域的重点、难点问题。比如,持续改善薄弱学校的办学条件,扩大优质教育资源的覆盖面,不断缩小城乡、区域、校际间的办学差距,发展人民满意的教育,以教育现代化支撑国家现代化,使更多孩子成就梦想、更多家庭实现愿望。这充分体现了党和国家对教育事业的高度重视、对教育公平的高度关注。

诚然,教育公平是社会最基本的公平之一。实现教育公平有利于实现社会公平。2016年9月,习近平总书记在北京市八一学校考察时强调,教育公平是社会公平的重要基础,要不断促进教育发展成果更多更公平惠及全体人民,以教育公平促进社会公平正义。要让每一个孩子都对自己有信心、对未来有希望。"百年大计,教育为本。"教育能够提升公民的素质,教育公平能够实现人的全面发展,教育公平有利于社会的和谐稳定。基于此,我们应该重视教育公平问题的研究,厘清当前影响人们接受公平、优质教育的问题所在,探讨应该采取哪些措施来解决教育不公平的问题。

教育不公平的表现

当前，我国教育不公平的现象主要表现在以下两个方面。

第一，城乡教育差距较大。具体包括：一是城乡教育机会不公平。农村升学率远远低于城市。相关数据表明，随着学历的升高，城乡差距越来越大。近年来，一些重点高校实行"自主招生""高校联考"等高考招生方式，农村学生很难通过这种竞争激烈的方式进入高校。二是城乡教育资源的配置不公平。长期以来，农村教育相比城市而言经费投入不足，农村教育缺资金、缺设备，师资力量薄弱。相比之下，在城市中，学生能够享受到不断更新换代的教育教学设备，在按规定开足课程的情况下，甚至还可以在家长的安排下上各种校外辅导班、兴趣班。三是城乡教育管理上不公平。重点学校和普通学校的教学资源配置差距非常大。近年来各级示范学校、实验学校、重点学校几乎全部集中在城市，广大农村重点校、示范校屈指可数。

第二，区域差距较大。我国东西部之间，一直以来都存在着教育不公平现象。在西部偏远地区，基础设施、师资力量得不到保证。而东部发达地区尤其是东部大、中城市，却占据着大部分的教育资源。近年来，尽管国家采取了一系列措施普及九年义务教育，但是东、中、西部地区在九年义务教育普及率方面的差距依然不小，中、西部地区学生辍学的现象依然严重。在各级各类学校升学率，尤其是高考升学率方面，区域差距更为明显。全国各个地区划定的高考分数线、升学率不一致，导致各个地区即使考相同的试卷，跨入高等院校的机会也不一样。通常情况下，经济越是发达的地区高考录取率越高，东、中、西部不同地区录取率差距明显。

实现教育公平的措施

笔者认为，要实现和促进教育公平，需要从以下几方面入手。

第一，要完善教育法律法规。随着我国经济社会和教育事业的快速发展，一些事关教育的法律法规需要进一步完善，这样才能保障每一位受教育公民的合法权益。因此，当务之急，是要完善相关的教育法律法规，加强制度建设，加强程序性规范，增强可操作性，保障教育公平，防止腐败的滋生。

第二，要优化教育资源配置。众所周知，教育资源配置的不公平，必然导致公民接受教育的不公平。这引起了党中央和全社会的高度关注。2016年9月，习近平总书记在北京市八一学校考察时强调，要优化教育资源配置，逐步缩小区域、城乡、校际差距，特别是要加大对革命老区、民族地区、边远地区、贫困地区基础教育的投入力度，保障贫困地区办学经费，健全家庭困难学生资助体系。因此，实现教育公平，需要加大对一些特殊地区的投入力度，实现教育资源的合理配置。

第三，需要全社会共同参与。促进教育公平是全社会共同的事业，需要建立健全以政府为主导，全社会广泛参与的教育模式。2016年9月，习近平总书记在北京市八一学校考察时强调，基础教育是全社会的事业，需要学校、家庭、社会密切配合。促进教育公平，更需要社会各界的积极努力、密切配合。

让我们感到欣慰的是，教育不公问题已经引起全社会的高度关注。我们完全相信，在党中央的正确领导下，在各级政府和全社会的共同努力下，教育公平问题一定会得到妥善解决。

思想引领风帆正
改革先锋远航时

"桃李不言，下自成蹊。"为人师表，身教重于言传，教师的一言一行、工作态度、思想作风、道德品质、治学精神，都对学生具有深刻的影响。教师的精神境界和思想水平更是决定其育人的境界和教育的格局。在当今的教育实践中，加强中小学校党的建设，加强中小学思想政治教育工作，全面贯彻党的教育方针，对引领教师走向专业化发展道路，落实立德树人的根本任务具有重要意义。精神旗帜指引方向，旗帜鲜明才能引领发展；思想道路开启征程，道路正确才能凝聚力量。在人大附中朝阳学校，有一支意气风发的教师队伍高扬思想的风帆、高擎改革的火把，向着教育的美好明天阔步前行。

思想引领——流淌在血液中的精神气脉

2014年9月，习近平总书记在同北京师范大学师生代表座谈时强调："好老师应该做中国特色社会主义共同理想和中华民族伟大复兴中国梦的积极传播者，帮助学生筑梦、追梦、圆梦，让一代又一代年轻人都成为实现我们民族梦想的正能量。"[①]本着这样的价值追求，学校党总支注重思想引领，构筑人民教师的思想价值体系，逐步建立起一支有着高尚品德、包容情怀、奉献精神和

[①] 习近平：《做党和人民满意的好老师：同北京师范大学师生代表座谈时的讲话》，人民出版社2014年版，第6页。

担当意识的高素质教师队伍。

凝心聚力，思想引领，我们注重补足精神之"钙"。在人大附中朝阳学校，我们经常深深感受到教师们求真务实、勇于进取的品德，这是一种正能量，更是整个学校的教师精神面貌的真实写照。我们推崇高尚的师德，它是教师和一切教育工作者从事教育活动的道德规范和行为准则。我们提倡教师有包容宽厚之心，它是一种师者情怀，意味着互相关爱、互相尊重。我们的教师来自五湖四海，既有特级教师，也有刚走出象牙塔的年轻教师。在这样的集体中，理解和尊重是学校飞速发展的前提，包容友爱、协同发展是大家共同的使命。在人大附中朝阳学校这个大家庭中，大家是幸福的，因为教师们都能精诚合作、团结进取。在平常的工作中，他们展现出的是宝贵的育人热情和追求，每一位教师都在各自的岗位上做着平凡而又伟大的工作，饱含着蓬勃的生命力和追求的激情。教师们正是用无私的敬业劳动、甘为人梯的高尚情怀以及"化作春泥更护花"的奉献精神，践行为人师表的誓言。正是因为有了这样一支充满智慧、认真负责、朝气蓬勃、务实进取的队伍，人大附中朝阳学校才收获了一年比一年更丰硕的教育果实。

教育是一项默默耕耘、守护花开的长久事业。南宋著名教育家朱熹说："主一无适便是敬。"中华民族历来有"敬业乐业""忠于职守"的传统。作为党员教师，我们要有自觉为国家教育发展奉献的意识和立德树人的责任担当，以"精诚所至，金石为开"的执着信念，投身于教育事业。学校党总支注重思想启迪和价值引领，让师德之魂成为流淌在教师血液中的精神气脉，更化为教书育人的汩汩清泉，滋润着学生的脉脉心田。

先锋模范——前进道路上的示范之行

学高为师，德高为范。党员教师在教师职业道德建设中，需要在扮演好职业角色的同时，进一步发挥好示范引领和先锋模范作用。在朝阳区教工委的领导下，学校党总支致力于建设一支信念坚定、勤政务实、清正廉洁、锐意进取的优秀干部教师队伍，充分发挥每一位党员教师的先锋模范和示范带动作用。

学校党总支不失时机地进行树立楷模的工作，积极开展了优秀共产党员、"三八红旗手"评选和表彰活动，"师德标兵"评选活动，"立德树人楷模""四有教师"评选活动，制作了《光荣与梦想：立德树人楷模》《人大附中朝阳学校师德标兵风采录》《三八红旗手表彰光荣榜》等宣传画册，起到了激发正能量、鼓舞人心的良好效果。作为党总支书记，笔者带领大家履行责任，通过设置党员示范岗、创建党员联系点等举措加强党员示范带动作用。引领教师的发展，需要具备强烈的人才意识，笔者一直坚持自觉学习和组织培养的统一原则，积极发展教师骨干入党，实现"党管人才"的良好局面。学校党总支曾组织选拔了 8 名中层后备干部，其中有 3 名进入了朝阳区教育系统后备干部库，成为教育发展的先锋力量。

孔子曰："其身正，不令而行；其身不正，虽令不从。"党员教师要时时以党员和教师的双重身份自律，对自己高标准、严要求。作为奋战在教育战线上的党员，我们要保持先进性，发挥先锋模范作用，还应注意刻苦钻研业务，拓宽知识面，把科学的教育观、人才观和发展观统一起来。为此，学校党总支遵照"双培养"工作要求，加强党组织新生力量的梯队建设，积极把骨干教师培养成党员，把党员骨干教师培养成干部，进行"双培养"梯队建设。

建设一支高素质的教师队伍，是新形势下教育改革和发展中一项十分关键的工程，而充分发挥党员的先锋模范作用和支部的战斗堡垒作用则是改革先锋扬帆远航的坚定保障。基于上述认识，我们坚持"党管人才"的原则，为每位教师量身制定了 5 年发展规划，一手抓师资素质提升，一手抓课堂教学改革，全力打造"德能双馨"的教师队伍。共同的使命需要共同的担当，作为共产党员的教师团队更是担当使命的先锋力量。多年来，我们砥砺品格，坚定教书育人、忠诚担当使命的信念，怀着敢为人先的创新精神和胸怀大局的协作精神以及淡泊名利、赤诚奉献的价值追求不断在教育前进之路上点亮明灯、示范前行。

加强服务——凝聚师生的爱之力量

党的十八大报告中指出"建设学习型、服务型、创新型的马克思主义执政党",强调了"以服务群众、做群众工作为主要任务,加强基层服务型党组织建设"。我们坚定不移地将"服务"这一核心理念贯穿于工作的始终,把全体教职工的发展放在心间,将让更多孩子享受优质的教育放在心间,将实现好、维护好、发展好全体师生的根本利益作为出发点和落脚点。

大事须做于细,伟业必成于实。注重细节上的党建,关注点滴中的党员,我们着力提高领导干部服务师生的能力和意识,在思想政治教育和心理健康教育上狠抓落实。一是找准切入点和着力点,创新服务方式,深入教育教学一线发现问题、解决问题。二是建立校外辅导员制度,寻求进行思想政治教育和心理健康教育的有效途径。为做好书记工作,笔者还参加了"好书记工作室"启动会,递交了申报材料,申请加入了"好书记工作室",努力吸取好书记的宝贵工作经验,为学校师生提供更优质的服务。

为了更好地服务于教师群体,领导班子为教师队伍提供支持性服务,认真解决实际问题,对于教师们遇到的困难、反映的问题,力争事事有着落、件件有回音,做到教师情绪有波动必谈,教师岗位有变动必谈,教师有困难必谈。努力维护教师的合法权益,积极组织教师开展文体娱乐活动,陶冶教师的思想情操,活跃教师的业余文化生活,使广大教师能够真正感受到大家庭的温暖。我们还通过中医保健讲座、聘请太极拳教练、瑜伽教练开设健身课程、聘请礼仪专家开展礼仪培训等活动,为教师营造了安心从教、热心从教、舒心从教、静心从教的良好氛围。我们组织"人朝生日幸福聚会"活动,让全校教职工感受到集体的温暖;为青年教师组织开展"一对一师徒结对"活动,让他们感受到组织的温暖;组织教职工文化创意作品比赛,摄影、绘画与书法作品比赛,做到真情、真心、真意、真诚,不断提升学校师生的认同感、获得感、幸福感。

百年大计,教育为本;教育大计,教师为本。全校各级党组织和全体党员教师牢记自己的双重使命,培育和践行社会主义核心价值观,全面落实立德树人根本任务,全面提升人才培养、科学文化传承与创新能力建设。思想引领,使命先行。今天,我们乘风破浪,肩负改革的神圣使命,砥砺奋进,扬帆远航!

中学改革发展的感悟与思考

党的十八届三中全会以来，我国进入了全面深化改革的新时期，教育领域的综合改革也逐渐展开和深入。中学教育如何为经济转型升级提供强有力的人才和智力支撑，进一步发展的活力何在，是必须思考和回答的问题。

教育理念的变革是学校改革发展的原动力

思想是行动的先导和动力，真正的教育改革发展，首先应该是教育理念的变革。这一点在中国人民大学附属中学的身上得到了验证。中国人民大学附属中学的跨越式发展始于1997年，现任国务院参事、中国人民大学附属中学联合总校校长的刘彭芝被任命为第九任校长。此时的中国人民大学附属中学在北京市并非最优秀的学校，与北京四中等一流名校还存在不小的差距。刘彭芝校长在上任的第5天，就重新确立了中国人民大学附属中学的奋斗目标"国内领先，国际一流，创世界名校"，并提出了她独特的办学思想——尊重个性，挖掘潜力，一切为了学生的发展，一切为了祖国的腾飞，一切为了人类的进步。可以说，这20多年，是刘彭芝校长"爱与尊重"的教育理念和办学思想在中国人民大学附属中学不断落实与深化的过程。正是在这种理念与思想的指引下，中国人民大学附属中学迅速发展，创造了一个又一个奇迹。

人大附中朝阳学校的办学实践，也证明了先进的办学理念是学校成功的首要因素。

人大附中朝阳学校是朝阳区引进中国人民大学附属中学优质教育资源而创办的一所公立学校。学校秉承中国人民大学附属中学的办学理念，在课程设置、教学管理、教师培养、学校管理等方面借鉴中国人民大学附属中学的办学经验，全方位共享中国人民大学附属中学的优质教育资源。

刘彭芝校长的教育理念能生发出如此强大的力量，关键在于抓住了教育的本质。"尊重个性，挖掘潜力"正是对教育本质的最好诠释。当一个人的个性、潜力、秉赋得到发展和展示的时候，他是幸福的、自信的、积极的、自主的、充满正能量的。这是教育的题中应有之义，也是教育的规律。

很多时候，我们怀揣希望前行，却经常走着走着，就忘记了自己为何出发，走向何方。我们的教育正是如此。多少年来，我们一直为教育拼搏奋斗，学生寒窗苦读、起早贪黑，教师日以继夜、呕心沥血，然而到最后我们才发现，我们的教育似乎只是为了高考的分数，教育的本质、价值、意义早已成为一个个空泛而模糊的概念，我们甚至以教育的名义扼杀学生的个性和潜力。本是青春盛放的年纪，学生却被当成一个个没有热度的产品。凡考上大学的即为合格产品，落榜者为次品，升入重点大学者为优质产品。在我们广大的基层学校里，有太多这样的学校，校长是厂长，教导主任是监工，教师是操作工。这样一条流水线，从头到尾充斥着锻造的敲击声，哪里能听闻教育滋润灵魂的声音？

基层教育要改革，教育理念必须先改。我们的教育真正缺少的不是宽敞明亮的校舍，而是对教育规律的尊重、对教育本质清晰的理解，以及改革教育的勇气和智慧。要想改变教育理念，最好的办法就是走出去，不断地向教育先进的地区学习，进而解放思想，更新教育理念，尊重教育规律，结合本地区、本校的教育实际，精准定位，找准改革切入点，变革办学策略，逐步突破应试教育的束缚，让教育回归其本质。

教师专业发展是学校发展的关键

教育的对象是学生。因此，我们的着眼点是学生。教师资源是教育的第一资源和核心竞争力。因此，教育的着力点是教师。我们当前教育水平有限，归根结底是因为师资力量薄弱，学校教师的专业能力得不到及时提高，教育理念得不到更新，专业发展动力不足，职业倦怠问题突出。要想解决这些突出问题，需从以下几个方面入手。

第一，搭建校本培训平台，增强教师的专业自主意识。在基层政府保证政策与资金支持的前提下，通过行政干预的方式进行教师培训是必要的措施与策略。借助校本培训例会、网络研修平台、教师沙龙、微信公众号等途径和方式，外聘专家进行专业引领，挖掘内部的资源进行同伴交流，激发热情自主研修，形成浓郁的氛围，如此教师就会伴随着新课程的实施，逐步走向"专业自觉"。同时,大力加强学习型、研究型和创新型的学校文化建设,发挥文化的凝聚和导向作用,也是促进教师专业成长的重要保证。

第二,搭建能力展示平台,提升专业发展层次。让广大教师展示自己的进步和专长,是有效提升其专业水平的重要策略。学校以竞赛活动为载体,开展各种教学竞赛,比如优质课比赛、说课比赛、制作课件竞赛、教学设计比赛等,激活教师参加校本教研的内驱力。比赛不是目的,提升能力是关键,因此在举办教师比赛前,可先对教师进行培训,让其在任务驱动下掌握各种技能。校内教师的集中交流展示是非常好的提升教师专业素养的方式,例如在中国人民大学附属中学,每年暑期有集中的教师培训,每年寒假有教师的科研年会。在这些活动中,教师一方面可以向专家名师学习,另一方面可以通过实践经验的总结、展示、分享,互相学习借鉴,不断提升自己的专业能力。

第三,搭建教学研究平台,同伴交流助力成长。学校教研活动是教师专业发展的重要平台,优质的学校,教研活动一定扎实有效。因此,基层学校应该特别重视教师教研活动的开展,学校应该有学科组长引领下的学科教研,还应该有备课组长引领下的备课组教研。教师只有在这种纵横交织的教研体系中,才能对学科发展、学科前沿、学科研究有整体的认知,同时对教材教法、教学实施等教学具体环节有深刻的理解。教师专业素养正是在这种同伴互助合作学习中得到提升的。

第四，搭建读书交流平台，营造浓厚学习氛围。现代教师应该是终身学习的典范。读书则是终身学习最直接的途径。担负着教书育人重任的教师，更应该热爱读书、认真读书，不断给自己充电，以更新理念、丰富知识、增长智慧。教育主管部门或学校要为教师读书提供更大的支持，积极实施教师读书工程，引导广大教师在科学的教育教学理论引领下，实践先进教学经验，学习成功做法，在读书中理解、感悟、反思、研究、交流，促进理论与实践的结合，促进教师的专业化发展。

第五，搭建外出学习平台，拓展专业提升途径。当前，在教育发达地区，很多机构会组织各种教育教学的培训。在条件允许的情况下，选择优质的培训项目，让教师走出去，呼吸新鲜的空气，开阔视野，可以迅速提升教师的专业素养。实践证明，走出去学习是最便捷、最有效的提升教师专业能力的途径。中国人民大学附属中学从2009年起，就特别建设了全国基础教育卓越校长卓越教师培训基地。截至目前，全国各地有几百所学校的校长和教师进基地进行了学习，成效显著。

构建较为完善的校本课程体系是学校发展的突破口

从某种意义上来说，课程是学校的产品，在学校教育中处于核心地位，是学校发展的核心竞争力，教育的目标、价值主要通过课程来体现和实施。当前，县乡级中学在应试教育的大背景下，课程体系单一，大部分学校只开设了高考学科课程，其他课程几乎是空白的，即使有也都沦为高考学科课程的调剂，学生在三年时间里只是围着几本教材"死啃"。多少年来，我们呼唤素质教育，倡导全面提升学生素养、发展学生综合能力，然而没有丰富的、有针对性的课程，这一目标就永远是空中楼阁，因此，课程建设是学校内涵发展的核心。

我国的基础教育课程体系是由国家课程、地方课程和校本课程三个方面构成的。国家明确规定地方课程和校本课程要占总课时数的10%—12%，从国家行政层面为校本课程建设提供了强有力的政策保障。从中国人民大学附属中学的发展经验来看，校本课程的建设对激发师生活力起着至关重要的作用。到目前为止，中国人民大学附属中学开设的校本选修课程达150门以上，基本可以满足学生个性化发展的全部需求。在中国人民大学附属中学，每周三和周五的下午，全校学生走班去学习自己感兴趣的课程，这些课程多是由在校教师、校外专业人员、校友等主动开设的。学校建有完备的校本课程管理体系，中国人民大学附属中学的众多教育教学成果，以及学生每年获得的众多国内外大奖，都是从选修课中发展起来的，很多学生甚至在选修课程中找到了自己未来发展的方向。

因此，校本课程应该是基层学校课程建设的突破口，学校应该将校本课程建设作为一项发展战略,重点研究实施。校本课程的建设一方面可以促进教师专业发展,另一面可以挖掘学生潜能,为学生全面发展提供平台,一举两得,事半功倍。如何进行校本课程建设?首先,学校应建立校本课程发展机制,形成课程资源开发与利用的土壤。其次,在校本课程建设的初期,要结合学生培养目标,重点开发一部分课程进行实践探索。再次,善于利用校外资源,扩大课程资源开发的广度。最后,加强课程管理,建立校本精品课程,促进课程发展。

社团活动是学校促进学生能力发展的最佳路径

学生的成长基于三个要素:课程、课堂、社团活动。丰富的中学社团生活对学生学习及健康成长十分有益。社团活动可以是文化学习的兴趣延伸,如小作协、英语口语社、数学微积分社等;也可以是专项人才的初训基地,如书法社、街舞社、动漫社等。学生根据自身的需求与潜力,选择适合自己发展的社团,与志趣相投的同学在一起,可以激发他们对某一学科或项目的浓厚兴趣和钻研精神。同时,社团活动使学生的管理能力、组织能力、活动策划能力等得到锻炼与提升,是学生能力发展的最佳方式。学生社团建设可以由校团委进行引导与管理。在当前新的教育形势下,人大附中朝阳学校从学生实际出发,开展多种形式的社团活动,丰富了学生的课余生活,激发了学生的兴趣,培养了学生的能力,取得了良好的育人效果。

总之，在教育改革进入攻坚阶段、高考改革步入"深水区"的关键时期，面对教育改革的"新常态"，我们必须以教育改革"新思维"，推动中学改革发展，全面落实立德树人根本任务，奋发有为，主动作为，打造教育事业内涵发展的黄金期。

深化课堂教学改革
让学生在体验中学习

课堂教学质量是学校最核心的竞争力与发展力，而提高教学质量的关键在于教师教育理念的不断进步。教师只有尊重学生的认知规律，才能打造最有生命力的课堂教学。因此，教师要深入了解学生的认知规律，以此为依据进行教学设计，让学生在体验中自主学习。

中学生好奇心强，喜欢尝试，善于动手，他们的逻辑思维需要感情经验的直接支持。学生的学习过程其实是他们与书本知识背后的情与理沟通交流的过程。而以学科为本位的传统教学，把生动、复杂的教学活动囿于固定、狭窄的认知主义框框中，只注重学生对学科知识的记忆、理解和掌握，而不关注学生在教学活动中的情绪生活和情感体验。

体验式学习方式是指根据教材学习的需要，在教师的指导下学生参与相应的社会实践活动或者模拟真实的社会实践活动，从中获得丰富的感性认识，加深对理性知识理解的学习方式。这种学习方式强调学生的学习要用眼看、用耳听、用脑想、用手操作，即亲身经历，用自己的心灵去感悟，重视学生的直接经验，鼓励学生对教科书进行自我解读、自我理解，尊重学生的感受和独特见解。

那么，如何创设体验式的课堂教学环境？我们可以从以下三个方面进行尝试。

第一，学习材料"生活化"。在课堂教学中，我们要引导学生用自己的眼睛观察生活，用自己的情感体验生活，用自己的方式研究生活，促进学生与自然、社会的内在整合。比如，高中思想政治课内容相对而言比较枯燥、抽象，原因在于理性分析社会和生活的程度较高，远离了学生的真实生活，更不用说让学生去体验了。如果我们能尽量将学习材料生活化，从学生身边的生活中选取素材补充到我们的教学内容中去，使空洞的哲学原理、经济学理论与学生的实际生活更加贴近，使学习活动更加有趣、生动、容易感受，那么学生就能在学习过程中更多体验到知识的发生过程，在体验中掌握知识，形成技能，同时也能使情感、态度、价值观得到滋养和提升。

第二，创设情境，引导体验感悟。体验式学习有助于将学习主题与学生的生活实际结合起来，通过师生协作探讨，在情感交流、思维碰撞中体验、感悟，使学生得到熏陶，促进其思维方式的日臻成熟。而引导学生进行体验式学习的首要环节就是通过创设情境，引导学生体验、感悟。在很多课堂教学中，我们都可以通过创设情境去启迪学生的思维。

第三，组织综合实践活动，引申拓展体验的时空。创造源于实践，体验源于实践，仅仅满足于课堂中模拟的体验还不够。生活中很多直接的、真切的体验能使学生获得更多的对于实际的真实感受，并使之形成认识，转化为能力。我们可以让学生查阅资料，也可以进行社会访谈或考察式的活动，即走向社会，丰富社会阅历、生活积累。我们可以从开放式的话题中捕捉问题，或者从社会热点问题中选择话题作为体验式学习的主题，让学生开展实践活动。在实践活动中，学生们无论在知识与技能、过程与方法上，还是在情感、态度、价值观上都会有极大的收获，真正将知识转化成能力，学以致用。

我们的课堂教学要做的不再是简单地传授知识，更多的是激发学生的学习兴趣，使其主动学习、主动钻研。特别是随着信息技术的发展，获取知识的渠道逐渐多元化、简洁化，学生们可以随时得到各类知识，教师不再是知识的"垄断者"。与此同时，随着"慕课""微课"等新型教学形式的普及，教师的身份也应该逐步转变，由知识传授者转变为学生自主学习的激发者。

在深化课堂教学改革的过程中，我们还要不断地审视课堂教学，反思课堂教学中存在的问题。例如，课堂教学是"表现"还是"思维"？学习是"知识输入"还是"思维产出"？课堂教学是"展示"还是"反馈"？

课堂教学是学校的生命线，课堂教学的水平决定着一个学校教育水平的高低。因此，每一位教师都要用心、用情、用智参与到课堂改革中，让每一个学生在体验中自主学习、快乐学习。

启蒙家长，重在教育理念

家庭教育是人生教育的基点

墨子云:"染于苍则苍,染于黄则黄。"家庭是人生命的摇篮,是人出生后最早接受教育的场所,家长则是每个人的启蒙之师,可以说,家庭教育对人的熏陶晕染从出生起便开始了。由于人的许多基本特征如语言表达、基本动作以及某些生活习惯等在幼年时代就会基本形成,而且父母与孩子之间的血缘关系和亲缘关系具有天然性和密切性,家庭教育在这一阶段以潜移默化的形式在有意和无意、计划和无计划、自觉和不自觉之中进行。在这一阶段,父母对孩子的生活习惯、道德品行、行为方式甚至是谈吐举止等都在不停地给予影响和示范。幼年时期的孩子几乎是一张白纸,由启蒙教师——家长为其涂上生命的底色,这层底色将永远不会抹去,而是深深融入孩子的基因,是其未来发展的基点。正如瑞士心理学家卡尔·荣格说的,一个人毕其一生的努力就是在整合他自童年时代起就已形成的性格。

从一个人的整个生命历程来看,家庭生活是其最重要的组成部分。人大量的时间生活在家庭之中,家庭教育的观点、方式和方法,家庭成员的作风、习惯、品德修养,家长的心理品质、心理发展水平和性格特征、价值追求都深深地影响着个人发展。

古今中外,许多卓有建树的名人由于受到良好的家庭教育而奠定其成就事业的基础。比如,一生有过1300多项发明的大发明家爱迪生，从小就爱"打破砂锅问到底"，这得到了作为小学教师的母亲的充分肯定。因为她知道好奇是打开知识宝库的万能钥匙，没有好奇心的孩子成不了大器。所以每当爱迪生问她"为什么"时，妈妈总是微笑着细心地开导他，把其中的道理讲给他听，这为爱迪生形成爱研究探索的性格特征奠定了基础。从德国诗人、剧作家歌德，杰出科学家诺贝尔，俄国生理学无冕之王巴甫洛夫，到我国书法界的王羲之、王献之父子，"一门三父子"苏洵、苏轼、苏辙，再到一代文学巨星郭沫若、茅盾等，他们的成才都是得益于家庭的早期教育，这些案例无不说明家庭教育的重要意义。

著名教育家苏霍姆林斯基曾把儿童比作一块大理石，他说，把这块大理石塑造成一座雕像需要六位雕塑家：家庭、学校、儿童所在的集体、儿童本人、书籍以及偶然出现的因素。家庭因素被列在首位，可见家庭教育对儿童成长和发展的影响是长远和深刻的。

明德修身是家庭教育的终极目标

我国重视家庭教育的传统由来已久，古籍《尚书》中就载有古代帝王教育其子弟的文章。几千年来，家庭教育成为我国传统文化的优势资源，修身、齐家、治国、平天下成为家庭教育的核心要义。其逻辑起点是国之本在家，家之本在身，所以传统的家庭教育立足于每个人的修身，只要能养成好的品德，在家就能尽孝，在国就会尽忠。欲治国先齐家，欲齐家先修身。

我国古代有家书训子的传统。家书并非简单意义上的家信，而往往是家庭教育的一种形式。长辈通过家书，把道德修养、人格风范等传授给子孙。比如近代思想家梁启超，留下家书2000封以上，他通过书信传递对孩子们的情谊，注重对他们的知识训练，和他们平等地讨论国家大事、人生哲学，使九个子女个个成才，其中三人成为院士：建筑学家梁思成、考古学家梁思永、火箭系统控制专家梁思礼。无独有偶，留有《钱氏家训》的钱学森家族人才辈出，仅钱氏家族杰出的父子档就有：钱基博、钱钟书父子，钱玄同、钱三强父子，钱穆、钱逊父子，钱学榘、钱永健父子，令人称奇。《钱氏家训》中有这样一句话："利在一身勿谋也，利在天下者必谋之。"这或许正是钱氏家族巨匠辈出的秘诀。

然而，在转型期的当代中国，在现代文明的冲击下，过去以修身明德为核心的家庭教育观逐渐式微，重智轻德的家庭教育观大行其道。中国教育科学研究院对北京、黑龙江、江西和山东4省市的2万名家长和2万名小学生进行了家庭教育状态调查，结果显示，很多家长只关心孩子的健康安全、学习成绩等现实性因素，对兴趣爱好、性格养成等发展性因素的关注度较低。由此反映出我国当前家庭教育的着眼点在"成才"，明德修身的"成人"教育观退居其次。

这种急功近利的家庭教育观必然会导致严重的后果。清华投毒案、复旦投毒案、马加爵事件、药家鑫撞人杀人案、楚雄紫溪中学学生宿舍惨案、李刚之子李启铭醉驾肇事案以及近期发生的中国传媒大学学生李斯达杀害女同学案等恶性案件频发，学生斗殴、自杀事件不绝于耳，且呈现出低龄化趋势。从特定角度看，我国青少年在社会转型时期出现的道德失范、心理失衡等问题无不与家庭教育的缺失或急功近利的家庭教育观密切相关。

建构家庭教育指导服务体系，完善多元供给模式

当前，尽管我们已经清醒地认识到家庭教育的重要意义，但是还没有完全接受它并且将它转化为行为。导致这种局面出现的最重要的因素是缺乏有效的指导。特别是"70后""80后"逐渐成为家庭教育的主力军，他们见证了我国社会转型的全过程，非常重视家庭教育，却又在汹涌的社会发展大潮中迷茫失措，因此科学的家庭教育指导成为时代的呼唤。

中国家庭教育事业已经取得部分成果，然而，总体来看还处于起步阶段。目前，国内外有众多家庭教育课程体系。比如，正面管教、赏识教育、三力教育 ATM (Aim Task Method) 家庭教育系统等，每一种课程体系在理论基础、课程架构、课程开发与实施等方面还远未完备。与此同时，从事家庭教育的机构多为民营机构，他们普遍面临资金短缺、推广困难、权威性不够、社会接受度低、师资匮乏等重重困境。2015年春节前夕，习近平总书记在新

春团拜会上高屋建瓴地对家庭教育作出重要论述,足可见国家对家庭教育的重视。2015年10月,教育部出台了《关于加强家庭教育工作的指导意见》,亮点是进一步明确家长在家庭教育中的主体责任,充分发挥学校在家庭教育中的重要作用,加快形成家庭教育社会支持网络。其中围绕丰富家庭教育指导内容、充分发挥家长委员会作用、统筹利用社会资源、支持办好家长学校等家庭教育工作的关键环节做了具体的布置与安排,为全国各地开展与推动家庭教育工作提供了切实、可操作的指导。

笔者认为,有效突破和解决家庭教育问题的办法除了建构家庭教育指导服务体系之外,还可以将PPP(Public- Private- Partnership)模式引入家庭教育事业中。PPP是公共部门为了公共产品或服务更好地供给,通过正式契约或合同与私人部门建立起来的一种长效的、形式多样的合作关系,诸如特许经营、合同管理等,即政府在加强对家庭教育指导规范和指导的基础上,可以通过购买服务、合作经营等手段,进一步完善家庭教育指导工作的多元化供给模式。

发展家庭教育事业功在当代,利在千秋。

如何增强从严治校的实效性和科学性

我们党历来重视从严治党，党的十三大、十四大、十五大、十六大报告均强调加强党的建设必须坚持从严治党。习近平总书记强调："打铁还需自身硬。我们的责任，就是同全党同志一道，坚持党要管党、从严治党，切实解决自身存在的突出问题。"[1] 从严治党与从严治校有着异曲同工之妙。我国部分中学校风建设仍存在诸多弊端与不足，主要是校风规范没有明确和调整，相关学校领导没有对校风建设问题加以重视，形成了校风不良等状况。与此同时，在科学技术高速发展的背景下，由于受到经济因素的冲击，部分学校出现拜金主义现象，考试作弊和学风不正等不良现象时有发生。上述问题的存在会对学校未来发展造成一定阻碍，及时运用从严治校方针认真改正和调整刻不容缓。学校领导和有关部门应该正视校风建设中存在的种种问题，端正态度，努力纠正校内不良倾向，有效保障我国中学教育的积极健康发展。

从严治校有助于提升校风建设

从严治校是提升校风建设的重要手段与核心保障。建设优良的中学校风主要依靠思想政治工作的合理开展以及管理方案的严格执行。假设只做到充分的思想教育而忽略实效管理，那么只是明白如何做，但是没有落地实施，这种状况必然会让学生难以

---

[1]《习近平谈治国理政》第 1 卷，外文出版社 2018 年版，第 4 页。

养成文明习惯、树立优良作风。假设一味强调学校管理却对思想教育工作置之不理，校内人员仅仅明白此事必须去做，但内心充斥着不满与抱怨，抵触情绪便会由此产生，于是也难以形成自觉的文明行为，优良校风建设更会无从谈起。有效利用从严治校策略，适时拓宽师生员工的教育渠道，就有助于严谨学风的形成。一方面，要严格执行规章制度等，对相关不良行为进行限制与制约；另一方面，要对学生和教师的良好行为加以鼓励。所以，坚持从严治校基本指导思想有助于促进优良校风的形成，对校风建设和学校发展等极其有利。

校风建设是从严治校过程中的重要组成部分。需要注意的是，从严治校的主要目的就是对中学育人环境进行优化与调整，学校抓好各项建设工作是根本。在学校建设过程中，校风建设为核心操作环节，其对提高教学质量、科研质量和管理质量以及相关后勤管理质量发挥了决定性作用。学校的任务是教书育人，而育人环境的好坏在一定程度上决定了人才质量的高低。校风建设不完备，不可能培养出优秀人才以及对社会和国家有用的人才。只有做到治学态度严谨、工作作风踏实，才能使组织纪律严明，形成优良校风。

进一步调动从严治校期间学生课程学习的主动性和积极性

学风问题始终限定在学生的基础性思维模式之上，毕竟培养综合性人才是学校可持续发展的核心任务，而从严治校恰巧就是将核心注意力投射在治学层面之上。在从严治校的背景下，学生不同的成长方式可能面临不同的学习环境、职务范畴和角色特性等的整改挑战，任何细节处理不当，都会让他们降低自身素质改造的要求，尤其是在阶段化学习动力低的情况下，学生的自身责任意识可能会全面弱化，并且呈现出一定程度的思维定位偏移迹象。

面对上述不良现象，学校必须尽快调整思想政治教育覆盖模式，尽量将以往教育内容的系统性、长效性加以适当缩减调试，适当完善既定结构单元超前引导，努力将日常思想改造与多元化服务支持能效渗透到个人。

第一，向中学生灌输严格的自我素质规范理念。要确保入学资格检验结果，任何一流的教育质量基本上都是通过生源形态逐一呈现的，中学必须竭尽全力培养优秀型人才。

严格处理考试事务，确保当下的教育策略和治校策略能效得以正常发挥，同时必须尊重中学生个性的创造性发展结果。特别是现代化教育考试手段，必须集中全力验证学生的知识运用能力，保证学生在获得基础知识与技能的前提下，更加善于运用各类手段解决一切现实性挑战与危机。

争取将学生发现问题——提出问题——解析问题以及创新思维成就纳入期末综合评价之中，借此深度激发学生的潜在兴趣与能力，将既定思维空间无限扩展。需要加以强调的是，考试期间必须树立严格的作风标准，避免一切舞弊行为，须知考风与学风问题深度衔接，直接决定个人今后的发展成就。考试不过关，今后想要在既定职位上发挥特殊牵引能效则基本上是不现实的。

对于中学生来讲，任何违反纪律的行为都将决定其今后的发展前景。对于违纪人员，学校必须加以严厉批评和处理。唯有使各项条例得到有效贯彻，严格制定校规校纪，才能进一步为中学生组织纪律观念严明和思想作风强硬奠定坚实的基础。

第二，有效整改日常管理模式。对中学生思维的主动性和创造性培育，是今后素质化教育指标深度贯彻的特定施展途径。教学中所涉及的不同管理主体，应该有效发挥自身引导者、助学者的角色，进一步规避以往"独裁者"的角色意识。全新定义过后的成功教育流程，实质上是全面引导中学生高效参与各类探究活动，促使他们的自律意识获得全面新生的过程。学校管理机构必须始终强调依法管理的必要性，全程关注并尊重学生的人格适应的需求，通过各类示范性管理项目挖掘学生自我管理意识，顺势开创刚柔并济、收放自如的中学管理体制结构。

第三，提供健康和谐的学习交流环境。中学生的第一要务是学习。新时代的中学必须借助各类技术型手段为学生提供安心舒适的学习空间，这是检验从严治校综合水平的必要媒介。学校如果想在合理期限内建立创新、求实等校园主体文化体系架构，就必须围绕各类相关的政治、人文、软硬件资源环境进行有机补充，同时配合丰富多彩的第二课堂和名师交流讲座、博士网络论坛等单元结构，进行不同阶段的校方成就研究，进一步营造和谐浓厚的学习交流氛围，从中使学生成才发展的积极性得到有效提高。

从严治校需要与日常教育和素质培养单元紧密结合

在从严治校期间，不同规章制度的严格贯彻落实与纪律观念的形成，都不可脱离日常教育和素质培养单元而独自运行。新时代中学教学主体必须善于运用严明的纪律守则和教育策略，有机调节学生的日常生活和学习秩序，培养学生雷厉风行、令行禁止的标准作风体系。

首先，在学生入校的初始阶段进行各类规范条例系统的公布，确保学生在日常活动中加以关注和遵守，将以往执法执纪偏宽偏软的迹象扼杀在摇篮之中。

其次，全面倡导法纪面前人人平等理念，尤其在按照规定畅通交接的基础上，使学校的一切教学引导理念高度凝结。

最后，需要针对一切重点、难点问题加以疏通。尤其是在面对从严不依等行为时，需要及时纠正从严轻法等行为结果，及时规避以往治理中忽冷忽热等不良现象，有效稳固条令法规维护行为的严肃性。

开发从严治校实效性和科学性的路径

教育是面向未来的事业，学校培养的学生肩负着改造社会、推动社会向前发展的责任。学校既是为社会培养和输送各类人才的教育机构，又是传播和发展科学文化的重要场所，其思想文化建设反映着一所学校的思想观念、道德风貌、学术传统和办学特色，对学生的思想、品德、情感、意志、思维方式等产生着深远的影响。因此，中学无论在科学文化知识上，还是在思想、道德、审美领域及生活方式上，都应当更多、更集中地反映、传播和发展那些高层次的东西，更好地弘扬和展示社会中光明、美好的一面。中学必须遵照这一指导思想，改善办学条件，加强科学管理，搞好思想文化建设。

全面更新新时代治校理念，不断丰富中学教学理念。任何高素质人才都必须借助优秀的教育引导机制不断延展。这里强调的从严治校方针，核心理念便是通过标准的指导方针覆盖，对学校不同工作内容进行调试，推动学校内部的正规化、现代化建设进程。相关规划主体没有任何理由将从严治校简单地定义为严格治理动作，而是要主动站在较高观念起点之上，树立精品意识，为今后学校综合建设水准绽放积存更多技术型实力。这是时代长远发展的必然要求，更是今后贯彻从严治校指标的有效途径。

合理开拓从严治校经验和视野范畴。虽然说目前我国相关中学在办学时间范围内已经衍生出完整形态的传统经验布置引导体系，但在日新月异的今天，必须及时拓宽自身视野范畴，及时吸纳外国先进发展经验，扬长避短。事实上，中学直接产生的改革创举可以交互推广。

科学制定和实施各类体制改革方案。从严治校在手段和方法上也要进行全面改革创新。信息网络技术的快速发展及其在教育教学上的广泛应用，为学校现代化建设和正规化管理提供了技术平台。学校具有人才优势和技术优势，理应成为中学信息化建设的龙头。

有机构筑和谐的校园人文环境。依照客观层面观察，足够和谐的环境陶冶人的情操，培育人的美德，启迪人的智慧，给人以前进的动力，促进人的全面发展和健康成长，而这正是培养高精尖人才的必要环境。构建和谐校园与从严治校的原则在内在精神上是完全一致的。从严治校是为了建设和谐校园，创造优良的育人环境；和谐校园是构建在从严治校基础之上，以一流的办校标准为前提的。如果说从严治校是原则，是方略，那么和谐校园便是境界，是追求。和谐不仅意味着宽松、融洽、温馨、自由，而且意味着稳定、有序、公正、守纪。

另一方面,在硬环境调试方面,基本上围绕馆藏丰富的图书馆,设备先进的教学楼、实验室和具有浓郁文化氛围的校园场地及建筑物细节,进行有机伸展覆盖。这种环境是师生们的露天"起居室",也是学生的"无声教授"和"第二课堂"。而对于软环境方面,主要包括合理健全的规章制度、团结和谐的人际关系、民主自由的学术氛围、催人奋进的校园精神等。这种软环境更能反映和谐校园的本真意义,可以促进学员的全面发展和健康成长。

综上所述,贯彻从严治校综合调试指标,除了经过内部规章体制和学生自主学习改造意识调试,相关技术人员仍旧需要在硬环境建设上多投入、花力气,同时在软环境建设上高标准调试,为培养高素质新型人才创造更加优越的育人条件。

统一坚定的思想 凝聚前行的力量
——对新时代中小学发展的思考

思想文化引领学校发展

中国人民大学附属中学能有今天的成就,是因为有一批执着于教育事业的人。刘彭芝校长作为学校的领头人,更是如此,她获得无数赞誉,却依然奋斗不止。她是真正把教育当事业的人。她对自己的定位不仅仅囿于一所学校,而是站在全局的高度思考育人的问题,研究中国教育的发展,谋划中国人民大学附属中学的未来。正是因为有"熔铸中外精华、坚持综合创新、创办具有中国特色的面向未来的教育"的高定位、高追求,她才能不断引领学校立于教育改革的潮头。她经常是白天忙于处理手头的各项工作,夜里两三点钟就醒来思考问题。中国人民大学附属中学 20 多年来创新发展的每一步,都凝聚着刘校长思考的精髓。她在不断地寻找与思考,不断地思考与突破,在突破中创新,让学校在创新中得到发展。

中国人民大学附属中学的发展还得益于文化的力量。中国人民大学附属中学在 20 多年的发展中,积淀了"爱与尊重"的文化以及科学、奉献、团结的精神。文化与精神体现在每一个人大附中人身上,包括每一位老师、学生,甚至是每一位后勤员工。虽说他们来自四面八方,但是他们的心里装着相同的梦想,以智慧共同铸就学校的辉煌。这是文化的力量,让身处其中的每一个人都有追求、有梦想,让每个人都充满着积极向上的正能量。我们现在倡导全员育人，也就是学校的每一个人都要成为教育者，都要承担育人的责任。只有当每一个人都成为学校文化的传播者，全员育人才能真正实现。而一所学校的文化是如何形成的呢？是通过不断统一思想与行动，凝聚智慧与力量才形成的。我们要让每一位学校员工在一段紧张的工作后，在身心相对放松的情况下，静下心来，深入思考、认真总结、沟通信息、交流思想、谋划未来。个人的成长、学校的发展在这种思考与谋划中逐渐明晰，学校的文化在这种总结与交流中逐渐积淀，一种科学、团结、积极的氛围就会逐渐生成，而这个氛围将会不断生发向上的力量。

做教育需要与国家大势同向而行

中小学校长在把教育作为毕生追求的事业，营造团结向上的学校文化的同时，还要关注时事政治，尤其是党和国家关于教育发展的大政方针。学校发展的着力点就蕴藏在国家教育发展的宏观政策中。

近年来，党和国家对教育事业进行了全面深化改革，各项新政策不断出台。梳理一下，我国教育改革有十大新政策：一是高考改革落地，将千万学子从应试教育的泥沼中拉出来。二是职教改革提速，让动手能力强、学习基础相对较差的孩子也能人生出彩。三是户籍改革深入，随迁子女享有平等的受教育权。四是校园足球"升级"，扭转青少年体质下降的严峻形势。五是19个城市全面推行"就近入学"，义务教育力争实现"无择校"。六是教育部画出师德"红线"，社会期待教师形象得到改善。七是教师轮岗"加速"，教师将成为"流水的兵"。八是电子学籍全面推行，真正规范招生办学、杜绝学历造假。九是现代学徒制试点启动，职教生既学理论又学实践。十是教育信息化有了"施工图"，学生们在互联网里上课。

与此同时，北京市在教育领域也进行了十大改革。一是就近入学。二是"高参小"，即发挥北京高等学校、社会力量在体育、美育方面的资源优势和引领作用，帮助中小学全方位和谐发展。三是大学附校，即中小学与一所（或几所）高等院校及其院、系，根据自愿与平等协商原则，在教育科研及其他教育领域进行合作。四是不经高考上大学，通过中考录取的考生，不用再经过高考，可以直接读到本科。五是小学阶段取消统测。六是设立九年一贯制学校，在九年义务教育过程中，学生从一年级至九年级，相继完成小学至初中教育，其间不间断、不选拔。七是名额分配，优质高中拿出30%的名额分配招生，名额分配政策加大了普通校学生进入优质高中的机会。八是社会主义核心价值观进课堂。九是北京市出台推进中小学校园足球实施意见。十是学科教学不断改进。为解决基础教育阶段学科教育教学中存在的深层次问题，北京市教委组织制定系列政策，对语文、英语、科学类学科的教学提出了进一步要求。

上述改革的动向蕴藏着学校发展的方向与路径。我们应该深入反思学校的工作是否切合这些教育改革"大势"。同时，我们更应该理解这些改革背后的真正意图。

课程建设需要具备三种意识

面对这么多的改革，我们应该抓哪些、放哪些？我们要结合学校的实际情况，抓大放小，有所为而有所不为，要抓住学校管理的工作核心。

课程建设是学校的重要工作，也是学校实现育人功能和培养目标的重要载体，学生通过课程的实施来发展能力、提升素养。课程对一所学校来讲是生命线，决定着一所学校的品质与特色，自然应该成为学校管理工作的核心。像我们这样一所年轻的学校，课程建设更是学校发展的根本。因此，我们在把握国家教育改革大势的基础上，结合我校特殊的发展形势，确定将课程建设作为学校今后一段时期的主要工作。

课程建设是一项基础工程，更是系统工程，需要全面规划、整体布局。对人大附中朝阳学校来讲，没有历史的包袱，改革的步伐应该更加矫健自如。笔者认为，学校进行课程建设时应该有几种意识。

一是以学生发展为中心的意识。课程是为学生的健康成长与长远发展服务的。人大附中朝阳学校的育人目标是全面发展＋突出特长＋创新精神＋高尚品德，我们的课程建设要基于这一目标而开展。同时，我们还要认真研究学校生源的独有特点，建设切合学生发展实际的课程体系。

二是整体规划、分步完善的可持续发展意识。课程建设是一项系统工程，既包括顶层设计，以及各学科课程的具体建设，还包括课程的实施与评价，不可能一蹴而就。我们要在课程建设的最初阶段做好基础性工作，宏观思考、整体规划，分步骤、分阶段有序推进。

三是强烈的危机意识。综观北京教育，已经有很多历史悠久、积淀深厚或者是勇于创新突破的学校在课程建设方面做了深入细致的开创性工作，最大限度地为学生发展提供个性化的课程，并形成了一定的规模，走在了课程建设的前沿。而人大附中朝阳学校课程建设刚刚起步，任重道远，一切都还在探索与尝试中，我们要有迎头超赶的决心，解放思想、勇敢创新，否则将会被淘汰。

教育改革已进入深水区，从某种意义上来讲，这也是中小学校重新开局、再次启航的一个重要节点，决定着学校的发展方向。中小学校长要以局内人的姿态，凝聚智慧与力量，统一思想与行动，主动担当，勇挑重担，让学校的各项工作朝着正确的方向发展。

> 素质教育与高考并不对立

素质教育、新课程改革是当前基础教育领域最重要的两个关键词，它们与高考改革之间的辩证关系将决定我国基础教育发展的方向与质量。

现在社会上很多人认为，抓高考就是要搞应试教育，素质教育出不了好的高考成绩，因而出现了"轰轰烈烈抓素质，扎扎实实搞应试"的现象。但是，中国人民大学附属中学的校领导一直主张：素质教育与高考并不是对立的关系。素质教育是以德的提升为核心，以身心的健康为基础，以人文精神、科学精神、创新精神和实践能力的培养为重点，以知识与技能、过程与方法、情感态度与价值观作为教育评价的三个维度，以课程改革为突破口，以促进人的全面而有个性地发展从而提高民族素质为使命，培养德、智、体全面发展的合格公民和优秀人才。

素质教育与高考非但不对立，通过素质教育提高学生的综合素质和能力，反而有助于提高学生的高考成绩。如果将眼睛只盯着高考，高考考什么就讲什么，高考不考的就不讲，是不能提高学生能力的，高考也出不了好成绩。

为了改变"轰轰烈烈抓素质，扎扎实实搞应试"的被动局面，切实推动素质教育的全面开展，国家从2001年开始了新一轮的基础教育新课程改革。基础教育新课程改革是整个基础教育改革的核心内容，也是促进素质教育取得突破性进展的关键环节。与单纯追求高考成绩的应试教育相对照，新课程改革更加强调对学生学习过程的评价和综合素质的评价。

按照教育部关于普通高中课程改革的总体部署,对高中学生要全面实行学业成绩与成长纪录相结合的综合素质评价。综合素质评价以全面评价学生素质和个性发展为出发点,注重学生的情感、态度、价值观以及多方面潜能的发展,注重学生创新精神和实践能力的培养,引导学校和社会关注学生的全面发展。充分发挥评价的导向功能,推进课程改革的深入开展,促进素质教育的全面实施。

进入新课程改革以来,高考改革的趋势是越来越重视考查学生的综合素质。2007年全国高中首批课程改革省份——广东、山东、海南、宁夏4省(区)的高考方案,都把考生的综合素质评价列入其中。考生的综合素质评价将被记入电子档案,作为高校录取的重要参考。在人大附中,素质教育与高考之间实现了完美的结合。引用刘彭芝校长的话,就是"人大附中高考成绩的取得,完全得益于素质教育在人大附中的全面开展"。因为素质教育的目的是培养学生的综合素质,而近年来高考改革的趋势强调的也是重视考查学生的综合素质。北京市是在2007年进入新课程改革的。中国人民大学附属中学早在20世纪90年代就已经开始课程改革,率先打破单一的必修课课程结构,开设选修课。1990年,中国人民大学附属中学在超常儿童实验班开设"现代少年"选修课;1997年刘彭芝接任中国人民大学附属中学校长后,正式提出在全校范围内开设选修课。到目前为止，中国人民大学附属中学已经开设了150多门选修课、特色课和校本课，内容涵盖数学与自然科学、语言文学与社会科学、综合实践活动、体育与艺术4个领域，改革了传统的课堂结构，努力拓宽学生的视野，使学生的素质得到全面提高，个性得到健康发展。在实施新课程改革的过程中，中国人民大学附属中学的另一个亮点是大力开展研究性学习。2001年，中国人民大学附属中学将研究性学习列入必修课系列，现已出版校本教材《研究性学习指导》，收录了几百篇人大附中学生研究性学习的课题报告和论文，北京、上海、深圳等地区的200多所学校使用此教材。2002年9月，学校研发出中国人民大学附属中学研究性学习网络平台并投入使用，实现了教师对学生研究性学习的全过程指导和评价。研究性学习是解决综合性考试的一把钥匙。研究性学习的开展对于提高学生的"文综""理综"成绩非常有帮助。2008年高考，中国人民大学附属中学的吴文昊同学"理综"取得满分，是北京市实施"3+X"以来唯一的一个。

中国人民大学附属中学优异的高考成绩的取得，靠的是素质教育的深入开展，靠的是学生综合素质的全面提升。所以，素质教育与高考并不对立。

坚定文化自信
创建文明校园

人大附中朝阳学校是北京市朝阳区教委为优化教育供给，联合中国人民大学附属中学合办的一所由小学、初中、高中三个学部组成的公立学校。学校紧紧围绕立德树人根本任务，着眼培养德智体美劳全面发展的社会主义建设者和接班人，注重育人为本，从实际出发，多措并举，深入开展文明校园创建活动。学校通过细化创建内容，量化创建指标，推进文明校园创建各项任务落到实处，不断提升师生的文明素质。经过十多年的创新发展，人大附中朝阳学校形成了独特的育人文化，呈现出了"美化、绿化、净化、亮化"的美丽校园，营造出了良好的育人环境。

传承红色基因，赓续红色血脉，铸造立德树人的灵魂和根基

人大附中朝阳学校一直以来坚持以习近平新时代中国特色社会主义思想为指导，站在党和国家事业发展全局的高度，全面贯彻党的教育方针，时刻铭记教书育人的使命，甘为人梯、甘当铺路石，以人格魅力启迪学生心灵，以扎实学识开启学生的智慧之门，引导学生坚定理想信念，厚植爱国主义情怀。这是学校创建文明校园的指导思想和理念，也是与生俱来的历史基因所决定的。

人大附中朝阳学校是朝阳区教委联合中国人民大学附属中学合办的一所公立学校。学校传承了中国人民大学附属中学的办学理念，也传承了中国人民大学的红色基因和血脉。中国人民大

学前身是 1937 年成立的陕北公学，以及后来的华北联合大学和华北大学，是中共中央直接领导创办的一所革命的大学，也是新中国创办的第一所新型正规大学。中国人民大学的红色基因和文化渗透到了人大附中朝阳学校的文化建设之中。2022 年 4 月 25 日，习近平总书记在中国人民大学考察时讲话强调，当前，坚持和发展中国特色社会主义理论和实践提出了大量亟待解决的新问题，世界百年未有之大变局加速演进，世界进入新的动荡变革期，迫切需要回答好"世界怎么了""人类向何处去"的时代之题。立足新时代新征程，中国青年的奋斗目标和前行方向归结到一点，就是坚定不移听党话、跟党走，努力成长为堪当民族复兴重任的时代新人。在这一思想的引领下，朝阳学校师生提高政治站位，使传承红色基因，赓续红色血脉，弘扬红色文化，让听党话、跟党走的信念成为师生的自觉追求，在加快推进教育现代化的新征程中培养堪当民族复兴重任的时代新人，为实现中华民族伟大复兴的中国梦提供强大人才支撑和创新动力。传承红色基因，赓续红色血脉，是人大附中朝阳学校立足的根基，也是铸造校园文化的灵魂，更是我们前行的动力。

铸就教育品牌，潜心教书育人，回归立德树人的根本和初心

自 2011 年以来，人大附中朝阳学校就秉承"爱与尊重"的教

育理念和"尊重个性、挖掘潜力,一切为了学生的发展,一切为了祖国的腾飞,一切为了人类的进步"的办学思想,结合实际,切实做到了始终如一坚持文化育人的信念和策略,全方位、多维度进行"爱与尊重"的校园文化建设。虽然办学仅十多年时间,但校园文化建设却已经走过了"校园文化"、"学校文化"和"教育文化"三个不同阶段:以校园景观和学生行为养成为重点的"校园文化"建设初始阶段,以系列主题教育为重点的"学校文化"发展阶段,以立德树人、内涵化育的立体化全方位育人为重点的"教育文化"建设新阶段。目前,人大附中朝阳学校已经成为一所到处散发着爱与尊重、朝气蓬勃、积极向上的独特精神气质和风格的新时代现代化学校。

这得益于人大附中朝阳学校在如下十个方面的坚持:一是坚持党对教育工作的全面领导,回归教育本质,遵循教育规律,把立德树人作为教育的根本任务,把立德树人的成效作为检验学校一切工作的根本标准。二是坚持高质量党建引领学校高质量发展的办学遵循。三是坚持落实立德树人根本任务的办学宗旨,坚持尊重个性、挖掘潜力,一切为了学生的发展,一切为了祖国的腾飞,一切为了人类的进步。四是坚持爱与尊重,以德立校,民主治校、科研兴校,人才强校的办学思想。五是坚持学生发展目标和学生培养目标相统一的鲜明导向。六是坚持发扬拼搏奉献、团结协作、科学实干、勇于创新的人朝精神。七是坚持名师成就名校,构建教师队伍新格局的发展战略。八是坚持课程是优质教育的支撑和构建高质量教育体系的重要载体。九是坚持课堂是教育的生命线,深化常态课教学改革的自觉行动。十是坚持创造适合每个学生发展的教育、五育融合的育人机制。人大附中朝阳学校着力发挥教育在培育和践行社会主义核心价值观中的重要作用,真正把"为党育人,为国育才"的思想融入到教育教学工作中去,坚持五育并举,五育融合,铸魂育人,办学成效显著,素质教育成果丰硕,打造朝阳教育品牌,初步形成了学校自己的办学特色。

自办学以来,人大附中朝阳学校学生在素质教育领域荣获国际级奖项192人次,国家级奖项510人次,北京市级奖项2632人次,其中艺术体操、合唱等社团共荣获国际级奖项12次。学校科技教育登上国际舞台,部分项目已处于国内顶尖水平。人大附中朝阳学校DI思维创新项目连续3次代表中国中学生参加在美国的全球总决赛并曾获亚洲区第1名,全球第5名、第8名的好成绩,获国际级、国家级、市级大赛37个奖项。

人大附中朝阳学校共获得"全国文明校园""全国语文教师专业化发展工程基地校""全国青少年校园篮球特色学校""全国青少年校园足球特色学校""全国国防教育特色学校""全国生态文明教育示范校""北京市优质高中校""北京市基础教育课程建设先进单位""市级科技示范校""首都文明校园"等国家级、市级、区级荣誉称号50余项。

加强理论武装，突出党建引领，
把握立德树人的方向和基调

人大附中朝阳学校始终坚持以习近平新时代中国特色社会主义思想和党的十九大、二十大精神为指导，认真落实新时代党的建设总要求，以政治建设为统领，牢牢把握学校的育人方向。

为加强理论武装，在党总支的带领下，学校持续深入开展"不忘初心、牢记使命"、党史学习教育、学习贯彻新时代中国特色社会主义思想等主题教育活动，以提升组织力为重点，抓实基础，改进作风，持续抓好"基层党建提升年""支部建设规范年"等工作，充分发挥党组织的战斗堡垒作用。

为加强党员队伍建设，人大附中朝阳学校党总支多次邀请专家为党员教师提供专业指导，通过党建信息平台、党总支公众号等渠道拓展学习、走出校园参观学习，结合自身工作撰写党建论文并集结成册，党员同志在教育教学、落实"双减"政策等方面发挥了先锋模范作用。

人大附中朝阳学校始终坚持以高质量党建引领学校高质量发展，全面贯彻党的教育方针，落实立德树人根本任务，遵循教育规律，以全面实施素质教育、深化课程改革，以树特色、创品牌为核心，用文化的方式发展生命化教育，坚持依法治校、以德治校、文化强校的宗旨，以高度的责任心与使命感提高办学水平，促进师生的全面发展、和谐发展，把学校办成学生成长的家园和乐园。

优化教师队伍，践行人朝精神，筑牢立德树人的基础和支撑

百年大计，教育为本；教育大计，教师为本。教师，是立教之本，兴教之源。高质量的教育需要高素质的教师队伍支撑，有好老师才会有好教育。有名师才有名校，名师是名校的中坚，一流学校必须有一流师资。教师是学校的主体，是育人的主力军，是最具潜力和生命力的教育资源，是学校可持续发展的关键。

截至2022年9月，人大附中朝阳学校共有教职员工680余名，其中特级教师15人，中高级教师302人，市、区级学科带头人和骨干教师、优秀青年教师、班主任共173人。在680余名教职员工中，有32人具有博士学历、301人具有硕士学历。为了促进青年教师专业成长，经过十多年探索，学校构建了立体化、全方位、常态化的教师队伍培训机制，形成了一套比较完善的青年教师培养体系。学校根据教师成长规律构建了师德历练、思想淬炼、教学锻炼、岗位磨炼、专业训练立体化循序渐进的培养体系，为每一位新教师明晰了专业成长路径、专业训练方式和专业成长目标。学校围绕教师素养，以"涵情""博学""赋能""深耕"四个项目为抓手，构建了促进教师素养全面提升的培养体系。学校立足教学实际，发挥校本资源优势，构建了课程培训、学习培训、岗位

培训、外派培训"四位一体"的促进教师专业成长的常态化校本教研培训体系。其中，暑期培训、科研年会、教研组研讨、备课组集体备课、跨地区融合化教研、跨学段贯通性教研、跨学科综合性教研成为校本教研的常态；聚焦常态课研究、立足解决实际教学问题的交流讨论也成为教师工作的常态。

人大附中朝阳学校有一大批毕业后入职的青年教师快速成为市、区级骨干教师。学校152名市、区级学科类骨干教师中，112名是毕业后入职的青年教师。特别是张玲玲、梁德娟两位老师，入职不到十年已成长为北京市骨干教师。事实证明，这套立体化、全方位、常态化的教师队伍培养体系卓有成效，青年教师的专业素养和教学基本功的快速提升获得了教育教学专家的高度认可。以2022年部分教师的成长为例，白雪洁老师在北京市、京津冀中小学班主任基本功比赛中均获一等奖，代表北京市参加全国比赛，教育案例入选国家教育部典型经验名单，北京市获得此项荣誉的仅有7人。在北京市第三届"京教杯"比赛中，人大附中朝阳学校3人获一等奖，8人获二等奖。在朝阳区第五届"扬帆杯"比赛中，朝阳学校15人获一等奖，26人获二等奖。

十多年来，人大附中朝阳学校坚决贯彻党的教育方针，落实立德树人根本任务，打造一流师资，成就一流教育，在"双名工程"总体方案的指导下，不断创新人才培养策略和工作机制，优化人才发展环境，努力建设一支献身教育事业、师德师风高尚、教育理念先进、治学精神严谨、教学水平一流、育人艺术精湛，热爱学生、不断创新的教师队伍。教师们拼搏奉献、团结协作、科学实干、勇于创新，凝聚成了人朝精神。他们不断加强实践探究和科学研究，逐渐发展成为专家型、研究型教师，为学校课程建设和育人工作奠定了坚实的基础。

坚持育人为本，构建课程体系，创新立德树人的模式和载体

习近平总书记关于教育的重要论述一直强调培养什么人、怎样培养人、为谁培养人这一教育的根本问题，强调教育对于国家富强、民族振兴、社会进步、人民幸福的重要性，全面阐释培养德智体美劳全面发展的社会主义建设者和接班人的内涵、要求和举措。学校是育人的重要阵地，课程是育人的重要载体。人大附中朝阳学校全面落实课程标准，以立德树人为宗旨，以全面发展＋突出特长＋创新精神＋高尚品德为目标，以国家课程建设为中心，聚焦课堂教学改革，注重课程与社会生活的联系，充分利用学校、家庭、高校、社会课程资源，拓展学生学习和实践领域，最终确立了"三层五域"这样一套分层、分类、综合、个性的课程体系。在纵向上，有面向全体的基础课程、面向群体的发展课程和面向个体的高阶课程；在横向上，形成了"人文与交流""数学与科学""体育与健康""艺术与传统""技术与实践"五大领域课程。

在系统的课程体系架构下，形成了传统文化、现代文明素养、创新科技等课程群，开发了茶道、古代礼仪、拓片技术等 400 多门校本课程。学校通过丰富多元的课程促进了学生整体素质的提升和个性特长的发展，创造出适合每个学生发展的教育模式。

首先，贯通设计、科学进阶，促进学生的持续发展。数学是奠定逻辑思维的基础学科，小初高数学学科衔接教育的总体目标是实现学生成长和教师发展，基于学科、立于合作、源于实践、惠于学生。小学数学以主体知识为主线，构建数学三核心教学模式；初中数学以培养数学学科能力为主，小初衔接则贯通六大能力，培养发现问题、提出问题、分析问题、解决问题的能力。在初高课程衔接中，初中阶段在开设的校本课程中从四个维度和层级上进行了探索：数学建模、数学课题、数学文化、数学拔尖，以满足不同学生的学习需求。

其次，素养为先、能力为重，促进学生的深度学习。大力宣讲中国传统文化，力图构建学生的认知基础和底层逻辑。初中语文组近几年来开设了"中国古代文人的才与情""《诗经》选读"等 10 多门与中国传统文化相关的选修课，涵盖了古代典籍、人文精神、历史剪影、文学艺术、文化生活五个方面。语文学科实践活动则结合《中国诗词大会》这样的热门节目，充分挖掘和利用北首都城市资源，开展丰富多样的学科活动。这些课程和活动基于教师个人兴趣，发挥教师专业特长；倡导门类多样化，促进课程系列化；重视趣味性与生活化，激发学生学习的长久热情；重视综合性与现代化，体现时代特色。这些课程和活动旨在提升学生核心素养，增强学生人文底蕴。

最后，大气融通、创新开放，促进学生的个性发展。人大附中朝阳学校小学部根据学校1—6年级学生的现有基础和年龄特点，构建了"六年三段"课程整体框架，横向以美术课程的四个领域（造型表现、设计应用、欣赏评述、综合探索）设置单元课程框架，纵向以课程目标（知识、技能、实践、创新）设置课程整体框架，建构了"传统技法　折剪入门""诗词益智　情韵刻纸""名著析理　扬帆剪纸"系列校本课程。朝阳学校初中部开设的"3D智造——遥控赛车"课程，从三视图绘制、车身设计到选材制作、作品测试的全流程都由学生来完成，在不同的阶段，鼓励学生对原理提出疑问，甚至质疑，推动其完成挑战性任务。学生收获的不仅仅是新奇的知识，更是尝试的勇气和潜在的创造力。

坚持开拓创新，坚守尊重个性，
培育立德树人的土壤和生态

科技是国之利器，是一个国家、一个民族发展的重要力量。学校进行科技教育，不仅是要增长学生的科普知识，更是要培养学生不可或缺的创新意识和实践能力。人大附中朝阳学校秉承"尊重个性、挖掘潜力"的办学理念，实践刘彭芝校长"爱与尊重"的办学思想，注重营造健康文明、和谐向上的校园文化氛围，努力创设适合每个孩子发展的教学环境，通过先进办学理念的指引和踏实的教育创新实践，构建一整套更为全面、完善的科技教育体系，进一步形成德、智、体、美、劳五育并举的办学特色，为实现中华民族伟大复兴的中国梦贡献力量。

创新人才的成长需要肥沃的土壤、适宜的气候，这都要求学校提供一个良好的教育环境和氛围。这样的土壤不是要面向少数学生，而是要面向全体学生。经过多年的探索与实践，人大附中朝阳学校逐步构建了一个跨学科多层次、涵盖"基础课程＋拓展课程＋高阶课程"的中学科技课程结构，纵向延伸、横向交叉，多层次、个性化，满足不同学习需求的学生进行个性化学习的需要，形成富有特色的科技课程体系。

人大附中朝阳学校的科技社团是活跃在学校社团活动中的主力军，DI创新思维社团、科技模型社团、计算机社团、单片机社团都是学校的星级社团。社团活动注重渗透创新能力的培养，为喜爱科技活动的学生搭建了广阔的平台。通过几年的努力，结合学校优势和学生特点，学校逐步构建起以"创意与发明"和"模型"两大类项目为抓手、12年一贯的科技教育发展体系，学生在各级各类科技竞赛中取得骄人成绩。

人大附中朝阳学校创新思维社团的学生先后4次代表中国青少年赴美参加DI创新思维全球总决赛，曾取得全球第5名的好成绩。在各级创新思维竞赛中获国家级一等奖 7 项、二等奖 8 项、三等奖 4 项，另有市、区级奖项 50 余项。学校自 2011 年开始组织信息学奥林匹克竞赛活动，近 3 年在非专业级软件能力认证 CSP-J/S 获一等奖 5 项、二等奖 1 项、三等奖 1 项。

2018 届高中学生刘东泽获第三十二届全国青少年科技创新大赛最高荣誉——科协主席奖。2019 届高中学生马政旭获邀参加在美国举行的第十二届国际天南星科植物学大会，进行了 30 分钟的学术演讲，并与来自 60 多个国家的植物学家进行了交流。他的论文还获得了最佳论文奖。徐乐瞳在 2018 年和 2019 年全国青少年航空航天模型锦标赛中两次蝉联线操纵特技（F2B）项目个人金牌和团体两项金牌，实现了三连冠。

在榜样的引领带动下，越来越多的学生对科技模型产生了浓厚兴趣，很多零基础的孩子在各级各类科技模型竞赛中取得优异成绩。在"飞向北京 飞向太空"全国青少年航空航天模型教育竞赛活动和"我爱祖国海疆"全国青少年航海模型教育竞赛活动中，朝阳学校先后获得国家级金牌 5 枚、银牌 5 枚、铜牌 5 枚，一等奖 12 项、二等奖 13 项、三等奖 12 项。针对在普及型竞赛中取得优异成绩的学生，学校逐步增加训练强度和难度。2021 年在"红心向党 匠心育人"建党百年红色主题系列模型竞赛活动中，人大附中朝阳学校获国家级一等奖 8 项、二等奖 7 项、三等奖 6 项。2022 年在全国少年科技模型网络系列竞赛中，朝阳学校获国家级一等奖 3 项、二等奖 2 项。

点燃艺术梦想、激发创造活力，突出立德树人的亮点和优势

习近平总书记关于教育的重要论述进一步强调了学校美育育人功能，强调了构建德智体美劳全面培养的教育体系，要把美育纳入各级各类学校人才培养全过程，贯穿学校教育各学段，要在新时代推动学校美育朝着更高质量、更有效率、更加公平、更可持续的方向前进，坚持五育并举，全面发展素质教育。

近年来，人大附中朝阳学校以社会主义核心价值观为引领，在"全面＋特长"理念的指导下，以提高学生审美和人文素养为目标，遵循普及与提高相结合、课内与课外相结合、学习与实践相结合的原则引导学生，通过多种艺术教育途径，在学生阶段丰富艺术体验、丰富情感世界，促进学生健康发展，从而为学生形成积极有为、乐观豁达的人生观打下坚实的基础。学校在基础课程的设置保证各年级开足、开齐艺术必修课程的前提下，逐渐开发高阶课程，根据学生的个性特长，以教师选拔为主，组织各种专业社团，如民乐团、合唱团、舞蹈团、剪刻纸社团等。小学、中学之间的课程设计也充分体现了中小衔接、循序渐进的特点。义务教育阶段注重激发学生的艺术兴趣和创新意识，培养学生健康向上的审美趣味和审美格调，帮助学生掌握 1 至 2 项艺术特长。高中

阶段丰富审美体验，开阔人文视野，引导学生树立正确的审美观、文化观。

2017年以来，朝阳学校高水平艺术团逐渐在各项比赛中崭露头角。2019年民乐团演奏的《沓垂舞》荣获北京市第22届学生艺术节金奖，舞蹈团表演的《顶水舞》荣获北京市第22届学生艺术节金奖。这个奖项一直延续到2021年第24届学生艺术节展演，合唱、民乐、舞蹈团分别再次获得北京市学生艺术节金奖的殊荣，连续五年高水平艺术团的成绩牢牢占据优势。

剪刻纸社团2016—2018年连续3年获得全国中小学生绘画书法作品比赛组织工作先进集体奖，2016年11月，获得寻找家乡记忆"京津冀"国家博物馆巡展优秀组织奖。2021年12月，人大附中朝阳学校被评为全国中小学非遗传承基地校，剪刻纸项目名列其中。剪刻纸社团还注重发挥校园文化环境的作用，将学生的优秀作品用于装饰教学楼楼梯两侧的墙壁，让校园每一寸土地、每一面墙壁设计都能给人以美的感染、艺术的熏陶，使学生们在健康、高雅的文化艺术氛围中快乐学习、健康成长。

拓展活动阵地、加强文明宣传，坚守立德树人的阵地和平台

人大附中朝阳学校始终坚持立德树人，积极开展特色教育活动，强化阵地建设，优化美化校园环境，不断提升校园文明程度。

一是校内文化阵地建设设施完备。学校拥有环境优美的心语园、大型显示屏、学校微信公众号、校刊、宣传栏、信息化平台等文化宣传阵地。学校面向广大师生、家长宣传党的教育方针政策、社会主义核心价值观，介绍以"文明校园"为主题的教育内容。

二是开展丰富多彩的社团活动。如今学校已创办了 DI 创意思维社、模型社、信息技术社、天文社、趣味实验社等 200 余个社团。DI 社团已处于国内中学顶尖水平，在国际、全国等比赛中获得 70 多项荣誉，曾在全球 DI 大赛中代表中国中学生获亚洲区第 1 名；舞蹈团、合唱团等多次荣获市、区比赛集体一等奖；艺术体操队多次荣获全国艺术体操锦标赛冠军。丰富的社团活动多角度、全方位地张扬个性、发展特长，激发学生的兴趣和热情，为学生们提供了绽放青春风采的平台。

三是精心组织主题教育活动。通过选拔综合素质优秀的同学组建国旗班，积极落实升旗仪式唱响国歌，开展爱国主义教育活动；强调文明礼仪从细节做起，明确学校本学期礼仪教育的细节标准；在法治教育月举办知识竞赛活动和模拟法庭活动，开展《安乐死能否合法化》辩论赛；在职业生涯教育月引入多元智能心理体验活动，引导高中学生了解多元智能的含义，让他们从现在开始就关注生涯规划，培养多元智能，进行适合自己的规划和定位，树立适合自己的职业目标，并不断努力、积极进取。

注重品德教育，丰富德育文化，抓住立德树人的核心和关键

人大附中朝阳学校以塑造学生完善人格、培养学生综合素养为目标，以学生良好行为习惯养成为抓手，致力于学生批判性思维的形成、道德认知能力的提高、德行修养的完善和综合能力的提升，通过多渠道、多途径将学生培养成传承中华传统精神和文化、具备现代公民意识的杰出人才。学校结合朝阳地区德育环境，创新德育工作模式和形式，形成了全环节立体育人的大德育模式。

通过"诵读经典，追寻历史，传承文明""一二•九合唱"等系列活动，激发学生的中国心和爱国情；通过"花开无声，育人有境"班级文化建设评比打造涵、洁、齐、美的学习环境；通过"艺术节""科技节""体育节"的开展促进学生德智体美劳全面发展；立体推进志愿服务教育，开展形式多样的校内外志愿服务活动，成立了"志愿者服务团"，开展社区、社会志愿服务，提升学生的社会责任感和担当意识；建立了专门的心理咨询室，开设了心理健康校本课程，倡导学生通过体验式、参与式、讨论式学习，形成积极阳光健康的心理状态；定期开展各种评优评先活动，严格常规管理，抓好习惯养成教育，如小学部以争星活动为载体，以"校园之星"评选为基础，开发"星级少年成长册"，在"星际超市"

中使学生的好习惯得到肯定；整合德育课程资源，多措并举全程育人，充分发挥了课堂教学德育主渠道功能，强化了学生情感、态度、价值观的培养，充分挖掘整合多方德育资源，将研究性学习、社会实践、学科教学等活动整合起来，构建了学校学科综合社会实践开放研究课程，学生在没有围墙的课堂学习、感悟和践行社会主义核心价值观，比如高三的成人礼、高一的山东文化之旅研学活动、高二的南京文化红色之旅游学活动等。

美化校园环境，倡导师生行动，营造立德树人的氛围和环境

朝阳学校校园环境的建设始终坚持以习近平新时代中国特色社会主义思想为指导，全面贯彻党的教育方针，全面提升教育现代化，坚持以人为本，为学校育人环境的改善提供强有力的支持。朝阳学校目前一校五址，均具有良好的人文地理优势，是一所环境优美的花园式学校。校园红白相间的主色调象征了学校的朝气蓬勃与无限的发展潜力；校园设计充满人性化，主干路两旁植被丰富，东区主干路右侧的小花园绿草茵茵，设仿古亭台楼阁供学生休闲、阅读与课外实践活动，心语园花园的命名亦是在全校学生中征集所得，增强了学生的主人公意识。校园外围栏设计成学校文化墙，以供社会和家长了解学校。

首先，规划合理，设施使用得当。学校教室、功能室配备完

整并有专门的管理员，管理制度完善，利用率高。配有物理、化学、生物、劳动技术、通用技术、信息、研究性学习、科技活动等各类实验室共计82间。体育设施完备，室内篮球馆位于学校综合楼一层，画有最新标准的篮球场地，配备优良木质地板及灯光设施；同地画有四块标准羽毛球场地，充分实现了一馆多用的功能；学校图书馆位于学校综合楼地下一层，馆舍面积1000平方米，配备了舒适的桌椅，采光条件好，适合阅读，得到了师生的喜爱，营造了浓郁的读书学习氛围。

其次，全员参与打造优美校园环境。学生成长中心开展的"光盘行动"督促学生保持良好的就餐环境和爱护粮食的品德；校园垃圾分类的开展更是得到了广大教师的大力支持；"最美办公室""文明宿舍"的评选，全员积极参与，打造了整洁、优美的学习和办公环境。

最后，校园安全措施到位。学校树立"师生为本"和"安全发展"的理念，严格落实安全责任制，构建学校安全网格化监管体系。安保器械达到规定的7种，配足配齐消防设施、器材和安全标志；校园监控覆盖整个校园，制定了安全突发事件的紧急处理预案，定期给学生上安全课，每周开展一次安全隐患排查。

建校十多年来，学校始终以立德树人、全面实施素质教育为宗旨，打造了一支有情怀、有活力、能打硬仗的育人队伍，构建了促进全面发展、满足个性需求的课程体系，开展了德智体美劳全面育人活动，不断将德育活动品牌化和系列化，营造家、校、社三位一体的育人环境，擦亮了"艺术气质"与"科技魅力"的校园文化品牌。这里有组织：社团活动丰富多彩；有课程：校本选修喜好随人；有成果：科技与艺术教育硕果累累；有气质：文化浸润时时处处，真正做到了让文明之花绽放校园、让文明之风吹遍校园、让文明之歌唱响校园、让文明之旗高扬校园！

实干铸就伟业
奋斗创造未来

人大附中朝阳学校在短短的十多年时间里，在这样一片土地上创造了先进的文化，正是这种文化使得它成为教育的一片沃土。任何一粒种子，在这片沃土上都能自由呼吸、茁壮成长，这就是文化的力量。

"新故相推，日生不滞。"时间的飞逝，不断推动着事物的发展。当前，我国已经全面建成小康社会，开启了全面建设社会主义现代化国家、向第二个百年奋斗目标进军的新征程。新征程新作为，习近平总书记反复强调，天上不会掉馅饼，努力奋斗才能梦想成真。朝阳学校唯有实干铸就伟业，唯有奋斗创造未来。

关爱孩子，主动干

习近平总书记强调，好老师要用爱培育爱、激发爱、传播爱，通过真情、真心、真诚拉近同学生的距离，滋润学生的心田，使自己成为学生的好朋友和贴心人。好老师应该把自己的温暖和情感倾注到每一个学生身上，用欣赏增强学生的信心，用信任树立学生的自尊，让每一个学生都健康成长，让每一个学生都享受成功的喜悦。教育是爱的事业。关爱孩子，尊重孩子，就是抓住了教育的本质。正如刘彭芝校长所说的，爱是教育的最高境界，爱是自然流溢的奉献，尊重是教育的真谛，尊重是创造的源泉。"爱与尊重"是中国人民大学附属中学的核心文化，饱含深情爱孩子，心怀大爱尊重孩子，是我们教育人应该有的底色。做好老师，要有仁爱之心。

撸起袖子，加油干

大浪淘沙，不进则退。当前，北京教育正是百舸争流千帆竞，乘风破浪正当时。人大附中朝阳学校地处朝阳，刚刚起步，冉冉升起，但与一流名校相比还存在不小的差距，因此，我们需要抓住机遇，撸起袖子，挥动膀子，不断前行。

"学为人师，行为世范。"教师是学生人生道路的引路人。他们的理想需要用理想去激发。好老师首先要把教书育人与民族奋斗目标紧密联系在一起。今天，我们在实现中华民族伟大复兴中国梦的新征程上奋勇前进，好老师理应带头成为社会主义核心价值观的实践者和传播者，用学识、阅历、经验点燃学生对真善美的向往，为学生点燃灿烂的梦想。

扑下身子，务实干

陶行知说过，千教万教教人求真，千学万学学做真人。教育如春风化雨般润物无声，却影响深远，决定着一个人的成长，关乎一个家庭的幸福，影响一个民族的未来，教人真知，教做真人。因此，我们的教师来不得半点虚假，要不得半点花架子，必须扑下身子，用踏石留印、抓铁有痕的劲头求真务实。中国人民大学附属中学著名的语文特级教师于树泉，入职以后连续8年教高三，后来一下被校长空降到初一"加强人文积淀，涵养大家气质"，引领孩子开展名著阅读。孰料几个月后,家长的告状信铺天盖地般飞到校长手里,告状信众口一词:"既然中考只考1000多个词语、10多首诗、20多篇古文,那老师为什么要带领孩子们去读名著?"

于树泉老师对此有自己的真知灼见:"读书之于语文教育,就如同树根之于枝叶,源泉之于河流,基础之于大厦,血脉之于躯体,灵魂之于生命。树根萎缩则枝叶枯黄,源泉枯竭则河流干涸,基础不牢则大厦倾危,血脉不足则躯体羸弱,灵魂缺位则生命失色——语文教育的'根'丢了,语文教育就难免百病丛生、久治不愈了。"在学校的大力支持下,于树泉老师扎扎实实实践了6年。据粗略统计,仅2010—2012年,中国人民大学附属中学初中学生的人均课外阅读文学名著在20部以上。早培班(初中)已经编写了4本校本教材,即《名联、名诗、警句、寓言集萃》《古诗文选萃》《走进名著》《人大附中学生这样学语文——走近经典名著》,形成了"以读促写,读写结合"的语文教学法。学生每周撰写读书笔记1篇,初中两年人均撰写读书笔记20000字以上。

认准一点,扑下身子,坚持下去,这便是最大的成功之道。

开动脑子,灵活干

创新是引领发展的第一动力。中国人民大学附属中学的创新理念是不断地思考与寻找,不断地寻找与变通,在变通中寻求突破,在突破中形成决策。这其实是刘彭芝校长几十年来不断创新,追寻教育真理的真实写照。创新已然成为中国人民大学附属中学的核心竞争力,教育均衡创新、干部队伍建设创新、超常教育创新、道德教育创新、"三高"体育基地创新、教学改革创新、科技教育创新、现代教育技术创新、国际交流创新等极具特色,每一项新事物的登场都激发出蓬勃热情和无限想象,引发中国教育改革走向深刻和深入。刘彭芝校长说:"突破能创新,变通能创新,融合能创新,追求能创新,反思能创新,压力能创新,理想能创新,激励能创新,实践能创新,执着能创新,卓越能创新,完美能创新,求真能创新,务实能创新,处处能创新,事事能创新,时时能创新,人人能创新……"要创新,就要开动脑子,大胆创新,不断追求真理。

矫正脖子,正确干

长期以来,我们的教育缺少以人为本的思想。这里的人就是我们教育的对象与主体。我们的教育很少真正地考虑学生的需要,而是把成人的意愿强加于他们,忘记了促进孩子自我发展这个最根本的目的。学校为了自己的荣誉,片面追求升学率,很少考虑学生体能和智能的发展;家长为了孩子能够考上名牌大学,只顾孩子的知识学习、考试成绩,不考虑培养孩子的健全人格;政府官员只考虑自己的政绩而不顾学生的成长;一些社会教育机构为了赚家长口袋里的钱,只顾把没有用的知识充塞进孩子的头脑。可以说大家只看到眼前的利益,谁也没有认真思考一下孩子的前途。孩子处于被教育、被学习的状态。这不能不说是教育本身的病症。

有一句话说:"要给学生一杯水,自己要有一桶水,更要成为长流水。"我认为这句话需要反思。我们总认为教师是传授知识的,是要将自己的一桶水倒在学生的杯子里,其实,学生更需要的是点燃,点燃他们的兴趣,点燃他们的激情。因此,我们要不断反思,反思我们的教育。我们教师应该目中有"人",关注每个生命个体,尊重他们的个性,用发现的眼睛挖掘他们的潜能。我们反思我们的教学,反思我们的每一节课,用智慧点燃他们的激情,让孩子们成为学习的主人、自我成长与发展的主人。

牵住鼻子,善于干

信息时代,事物更新迭代更快,机遇把握更是稍纵即逝,要保持科学发展,不断领先,就必须把握时代脉搏,顺势而为,如此方可事半功倍。

党的十八大提出把立德树人作为教育工作的根本任务,明确强调了教育的本质功能和真正价值,开始从国家层面更加深入系统地考虑"教育要立什么德、树什么人"或者说"教育要培养什么样的人"这一根本问题。未来基础教育的顶层理念是强化学生的核心素养。《中国学生发展核心素养》研究成果于 2016 年 9 月 13 日发布,这成为我国教育改革发展的原动力。我们要与时俱进,牵住学生发展核心素养这个牛鼻子。

所谓学生发展核心素养,主要是指学生应具备的、能够适应终身发展和社会发展需要的必备品格和关键能力。核心素养是关于学生知识、技能、情感、态度、价值观等多方面要求的综合表现,是每一名学生获得成功生活,适应个人终身发展和社会发展都需要的、不可或缺的共同素养。学生发展核心素养是一个持续终身的过程,可教可学,最初在家庭和学校中培养,随后在一生中不断完善。

中国学生发展核心素养以培养全面发展的人为核心,分为文化基础、自主发展、社会参与3个方面,综合表现为人文底蕴、科学精神、学会学习、健康生活、责任担当、实践创新6大素养,具体细化为国家认同等18个基本要点。文化基础、自主发展、社会参与3个方面构成的核心素养总框架,充分体现了马克思主义关于人的社会性等本质属性的观点,与我国治学、修身、济世的文化传统相呼应,有效整合了个人、社会和国家3个层面对学生发展的要求。

责任担当等6大素养均是实证调查和征求意见中各界最为关注和期待的内容,其遴选与界定充分借鉴了世界主要国家、国际组织和地区核心素养的研究成果。6大素养既涵盖了学生适应终身发展和社会发展所需的品格与能力,又体现了核心素养最关键、最必要这一重要特征。6大素养之间相互联系、相互补充、相互促进,在不同情境中整体发挥作用。为方便实践应用,学校将6大素养进一步细化为18个基本要点,并对其主要表现进行了描述。根据这一总体框架,学校可针对学生的年龄特点进一步提出各学段学生的具体表现要求。

中国学生发展核心素养紧紧围绕立德树人要求,坚持以人为本,遵循学生身心发展规律和教育规律,重视理论支撑和实证依据。具体来看,主要有以下三个主要特点:一是彰显了中国特色。与其他国家和地区核心素养相比,中国学生发展核心素养根植于中华民族文化历史的土壤,系统体现中国特色社会主义核心价值观要求,明确把国家认同作为基本要点,突出了宽和待人、孝亲敬长,热爱中国共产党、具有中国特色社会主义共同理想等中国特色的鲜明素养。二是体现了时代特征。中国学生发展核心素养提出了具有工程思维,适应"互联网+"趋势,理解人类命运共同体的内涵与价值等时代特色鲜明、反映新时期人才培养要求的素养。三是强调了整体要求。中国学生发展核心素养系统体现德智体美诸方面的基本要求,素养内涵界定坚持必备品格与关键能力的有机统一,每种素养既具有品格属性,也具有能力特征。

总的来说,核心素养是对素质教育内涵的具体阐述,可以使新时期素质教育目标更加清晰,内涵更加丰富,更加具有指导性和可操作性。此外,核心素养也是对素质教育过程中存在问题的反思与改进。尽管素质教育已深入人心并取得了显著成效,但我国长期存在的以考试成绩为主要评价标准的问题,影响了素质教育的实效。解决这一问题,要从完善评价标准入手。全面系统地凝练和描述学生发展核心素养指标,建立基于核心素养发展情况的评价标准,有助于全面推进素质教育,深化教育领域综合改革。

放下架子,真心干

习近平总书记强调:"一个人遇到好老师是人生的幸运,一个学校拥有好老师是学校的光荣,一个民族源源不断涌现出一批又一批好老师则是民族的希望。"[1] 德国哲学家雅思贝尔斯说,教育就是一棵树摇动另一棵树,一朵云推动另一朵云,一个灵魂召唤另一个灵魂。教师作为中华民族"梦之队"的筑梦人,承载着社会文明发展的希望。

"其身正,不令而行。"教师在学生眼中是做人的榜样。如果教师在是非曲直、善恶美丑等方面出现问题,必然难以担当立德育人的责任。面对学生洞若观火的清澈眼睛,有敬业爱生精神的教师才是学生的师镜。常言道,"吾日三省吾身"。唯有自觉坚守伦理底线、见贤思齐、景行行止的教师,才能以知行合一的道德追求感召学生,为人师表。

---

[1] 习近平:《做党和人民满意的好老师:同北京师范大学师生代表座谈时的讲话》,人民出版社2014年版,第4页。

挑起担子,负责干

责任是一种使命,一种素质,一种美德,责任高于一切,责任提升绩效。责任感是我们立身做事的基本条件,责任心是我们事业的基石。"事不避难,勇于担当。"担当,就是勇挑重担、敢于负责。有无担当精神,是衡量一个人素质高低的一个重要标尺。高度负责,勇于担当,是一种气魄,更是一种精神。

朝阳学校正处于快速发展的关键阶段,需要大家勇挑重担,敢于担当。中国人民大学附属中学有着广阔的平台,是龙就能腾,是虎就能跃。众所周知,中国人民大学附属中学最有名的农民工王锋,初中毕业,在学校一干就是30多年,从一名锅炉工干起,一直到电教中心主任,最终赢得国家优秀农民工称号,还解决了北京户口,改变了一个家庭的命运与轨迹。王锋最大的优点就是爱学习,敢担当,学校大大小小的活动,默默无闻做着幕后工作,每个环节都考虑周到,从来不会掉链子。

打牢底子,扎实干

习近平总书记强调,扎实的知识功底、过硬的教学能力、勤勉的教学态度、科学的教学方法是教师的基本素质。我国自古以来就有"学高为师"的古训,指的是教师应在学识上高人一筹,也说明深厚学识是好老师的必备素质之一。面对当前的信息化网络时代,经济快速发展、社会日益多元、各种新知识不断涌现,做一名好老师,要具备扎实的学识,就必须不断学习、不断进步,努力提升自身的学识魅力,这样才能满足学生不断发展的求知欲,促进学生的学习发展,同时促进自身的专业成长。

在拥有扎实学识的同时,教师还必须不断磨砺自己的教学基本功。教师基本功是指教师从事教学教育工作所必须具备的基本技能。在实施新课程的过程中,教师面临着许多无法回避的挑战,必须做出适应性调整,首先面对的挑战就是教师的教学基本功。随着时代的发展和新课改的推进,传统意义上的教学基本功被赋予了新的内涵:解读教材的基本功、运用现代信息技术的基本功、课程开发与课程实施的基本功、考试命题与试卷分析的基本功、心理健康教育指导的基本功、教学评价的基本功和教育科研的基本功等。

爱一辈子,执着干

人生天地间,各自有禀赋。为一大事来,做一大事去。成功源于执着与坚守。庄子讲"美成在久",《易经》讲"继之者善",一个"久"字,一个"继"字,道尽了中国文化的精髓。"美成在久",就是一切辉煌在于持久;"继之者善",就是说我们要坚持可持续发展。这一点在刘彭芝校长身上体现得淋漓尽致。她几十年如一日,坚守教育阵地,无时无刻不在思考。就拿拔尖创新人才培养这一点来讲，刘彭芝校长从 20 世纪 80 年代开始不断实践探索，风雨无阻，无论遇到什么阻力和风浪，她都始终不渝，坚信真理，坚信教育规律，为国家培养有领军能力的创新人才呕心沥血。在 2017 年 1 月 13 日召开的全国教育工作会议上，教育部原部长陈宝生在工作报告中明确指出，真正的教育公平不排斥卓越，要创造条件和机会，让拔尖创新人才脱颖而出，要深入实施"拔尖计划"、"科教结合协同育人计划"和系列卓越人才计划。这对超常教育、英才教育是一种极大的鼓励和鞭策。刘彭芝校长 30 多年的执着坚守，终于迎来了春的气息。

当前，我国正处在大发展大变革大调整时期，要坚持弘扬和践行社会主义核心价值观，贯彻落实其基本精神和内在要求，体现国家教育意志、教育理念和教育方针的根本要求。因此，教师专业发展研究中心应以社会主义核心价值体系引领教师专业化发展，深刻理解培育和践行社会主义核心价值观的重大意义、丰富内涵和基本要求，使广大教师把社会主义核心价值观的基本内容和要求渗透到学校的教育教学之中，用自己的学识、阅历、经验点燃学生对真善美的向往，使社会主义核心价值观的种子在祖国下一代心中生根发芽并被真正培育起来。

习近平总书记勉励广大教师要做学生锤炼品格的引路人，做学生学习知识的引路人，做学生创新思维的引路人，做学生奉献祖国的引路人。让我们共勉！

后 记

《为了更好的教育》是我多年对教育实践、教育理论的探索和总结,对中小学教育、学校党建工作的感悟和思考。完成本书,我的心中满是感恩、感念、感谢和感慨。

感恩的是,人大附中对我的精心培养。我大学毕业后便进入人大附中从事化学教学工作。20多年来,人大附中不仅倾力促进我的专业成长,精心为我提供广阔的展示平台,而且将教育理念、教育精神、教育情怀潜移默化地注入我的灵魂深处。践行"爱与尊重"教育理念,发扬科学实干、无私奉献、团结协作的精神,积极促进优质教育均衡化发展……成为我的教育自觉。本书中呈现的教育实践和教育理论探索,无不是人大附中先进的教育理念和教育思想的体现和演绎。

感念的是,刘彭芝校长、刘小惠校长对我的信任和支持。2014年,我被刘彭芝校长委派到人大附中朝阳学校担任党总支书记,从一名化学教师转型为一名党务工作者。这一身份的转变让我能够从更宏观、更高远的角度思考教育问题。在以高质量党建引领立德树人、促进学校高质量发展的过程中,我加深了对学校党建工作、思想政治教育等诸多问题的思考,这些思考成为本书的主要内容。在我担任人大附中朝阳学校党委书记期间,我得到了刘彭芝校长、刘小惠校长的诸多指导和帮助,深受两位教育家的启发和影响。他们的教育思想铸就了本书的灵魂。

感谢的是,谢泽运校长和人大附中朝阳学校对我的爱护和成全。人大附中朝阳学校是促成我实现职业转型的绝佳平台。在这里，谢泽运校长以博大的胸怀给予我自由发展的空间，以教育家的睿智给予我优化工作的建议，让我能够在党建工作中大胆实践、及时反思、科学改进；学校的全体教职工给予我最热情的欢迎、最真诚的帮助、最大的信赖、最给力的支持，让我能够在党建工作中永葆创造热情、不断深入思考。谢泽运校长的教育思想和人大附中朝阳学校的发展成就给予我研究的灵感和素材，本书收录的许多文章均来自于此。

感慨的是，本书的出版凝聚着诸多人的付出和努力。攻读中国社会科学院法学博士期间，祝灵君教授等的倾囊相授和专业指导提高了我的专业素养和学术水平；书稿写就期间，陈达等好友反复打磨、多次修订，确保理论深度和表述精度；书稿付梓后，东方出版社编辑、校对等工作人员的认真负责、精益求精保证了内容的高品质。

如今，《为了更好的教育》即将出版面世。在此，我要向所有成就本书的人表达最衷心的感谢。没有你们的信任和支持，本书将无法问世。

同时，本书不仅是我个人教育实践、教育理论的探索和总结，而且是对所有关注教育问题的人的一种呼吁。只有通过共同的努力，才能够实现更好的教育，为下一代创造更美好的未来。希望本书能够对中小学一线教育工作者的教育理念和教学实践有所启发，并能为我们共同的教育事业作出一些贡献。教育是一个永恒的话题，每个人都和教育息息相关。希望本书的出版能够为促进优质教育资源均衡发展、推动教育事业的进步和发展作出一定的贡献。

邓跃茂

2023 年 9 月 28 日